Schritte
PLUS NEU 3+4 Niveau A2

Deutsch als Zweitsprache
für Alltag und Beruf
Kursbuch
mit Audios online

Silke Hilpert
Daniela Niebisch
Sylvette Penning-Hiemstra
Angela Pude
Franz Specht

Hueber Verlag

Beratung:
Ulrike Ankenbrank, München
Annette Decker, Neu-Isenburg

Für die hilfreichen Hinweise danken wir:
PD Dr. Marion Grein, Johannes Gutenberg-Universität Mainz
sowie allen Teilnehmerinnen und Teilnehmern an den Kursleiter-Workshops

Foto-Hörgeschichte:
Darsteller: Bayram Celik, Constanze Fennel, Marget Flach, Astrid Dorothea Hasse,
Philip Krause, Marie-Anne Lechelmayr, Alexander Merola, Alvaro Ritter,
Kirsten Schneider u. a.
Fotograf: Matthias Kraus, München

unter Mitarbeit von:
Katja Hanke

 Die Audio- und Videodateien finden Sie in der *Hueber Media*-App. Die Audiodateien stehen zusätzlich auch unter www.hueber.de/schritte-plus-neu zur Verfügung.

5.   4.   3.   Die letzten Ziffern
2029   28   27   26   25   bezeichnen Zahl und Jahr des Druckes.
Alle Drucke dieser Auflage können, da unverändert,
nebeneinander benutzt werden.
1. Auflage
© 2017 Hueber Verlag GmbH & Co. KG, München, Deutschland
Umschlaggestaltung: Sieveking Agentur, München
Gestaltung und Satz: Sieveking Agentur, München
GPSR-Kontakt: Hueber Verlag GmbH & Co. KG, Baubergerstraße 30, 80992 München,
kundenservice@hueber.de
Druck und Bindung: Westermann Druck Zwickau GmbH, Crimmitschauer Str. 43, 08058 Zwickau,
westermann_druck@westermann.de
Printed in Germany
ISBN 978–3–19–101083–6

Art. 530_10850_001_03

Aufbau

Symbole und Piktogramme

Kursbuch

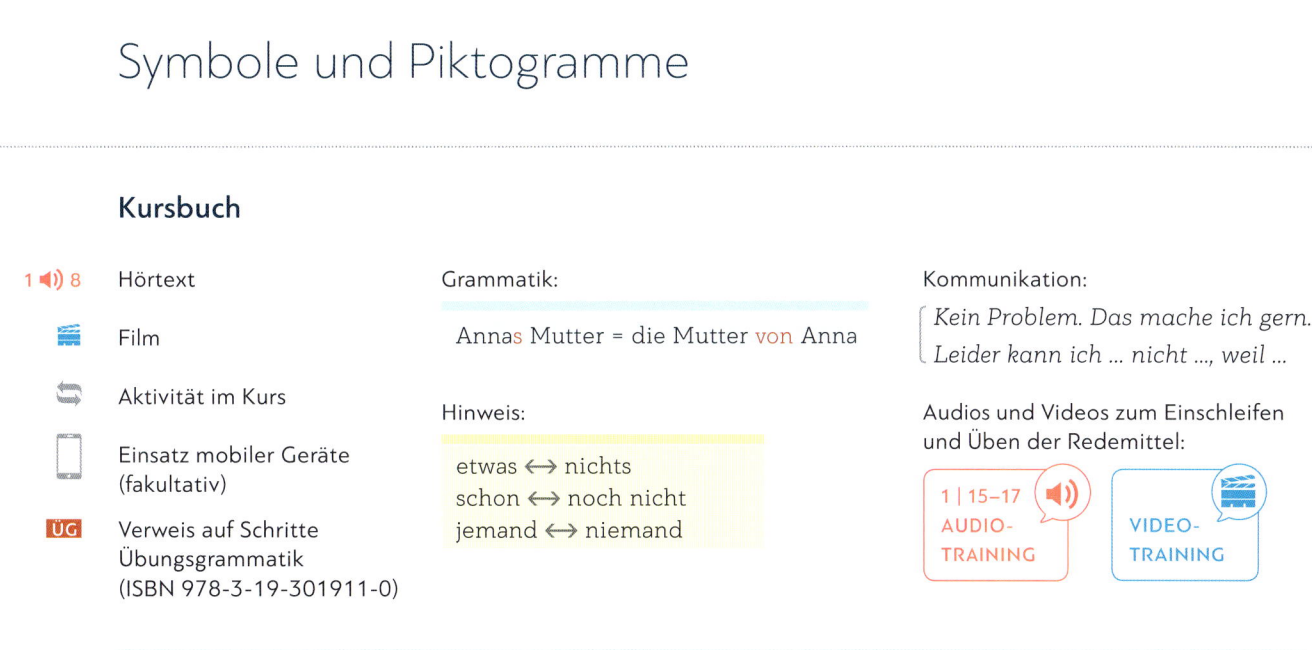

1 🔊 8 Hörtext

Film

Aktivität im Kurs

Einsatz mobiler Geräte
(fakultativ)

ÜG Verweis auf Schritte
Übungsgrammatik
(ISBN 978-3-19-301911-0)

Grammatik:

Annas Mutter = die Mutter von Anna

Hinweis:

etwas ⟷ nichts
schon ⟷ noch nicht
jemand ⟷ niemand

Kommunikation:

Kein Problem. Das mache ich gern.
Leider kann ich ... nicht ..., weil ...

Audios und Videos zum Einschleifen
und Üben der Redemittel:

1 | 15–17
AUDIO-
TRAINING

VIDEO-
TRAINING

Inhaltsverzeichnis **Kursbuch**

D	E	Wortfelder	Grammatik
Familie und Verwandte · über die Familie berichten	**Wohn- und Lebensformen** · von Wohn- und Lebensformen erzählen	· Familie und Familien-mitglieder · Wohn- und Lebensformen	· Konjunktion *weil: Ich bin traurig, weil ich hier keinen Menschen kenne.* · Perfekt der trennbaren Verben: *hat kennengelernt, …* · Perfekt der nicht-trennbaren Verben: *hat erlebt, hat bemerkt, …* · Perfekt der Verben auf *-ieren: ist passiert, hat telefoniert, …* · Namen im Genitiv: *Annas Mutter* · Präposition von: *die Mutter von Anna*
Mitteilungen im Mietshaus · Mitteilungen und Regeln in Mietshäusern verstehen	**Zusammen leben** · Gespräche mit Nachbarn führen · Nachrichten an Nachbarn schreiben · um Hilfe bitten	· Wohnung · Mietshaus · Zusammen-leben im Mietshaus	· Wechselpräpositionen: *auf den Tisch – auf dem Tisch, …* · Verben mit Wechselpräpositionen: *stellen – stehen, legen – liegen, …* · Direktionaladverbien: *hierhin, dahin, dorthin, rein, raus, runter, …*
In der Kantine · ein Interview verstehen	**Essen gehen** · Gespräche im Restaurant führen	· Geschirr · Essen und Mahlzeiten · im Restaurant	· Indefinitpronomen im Nominativ und Akkusativ: *Hier ist einer. Ich möchte einen.*
Telefongespräche am Arbeitsplatz · Telefonge-spräche am Arbeitsplatz führen	**Arbeit und Freizeit** · einen Sachtext verstehen · über Arbeit und Freizeit sprechen	· Arbeit und Freizeit · Arbeitssuche · Betrieb/Firma · Hotel	· Konjunktion *wenn: Ich kann Ihnen kein Zimmer geben, wenn Sie keine Bestätigung haben.* · Konjunktiv II: *sollte: Du solltest Detektiv werden.*
Anmeldung beim Sportverein · sich beim Sport-verein anmel-den und nach Informationen fragen	**Aktiv bleiben** · eine Informa-tionsbroschüre verstehen · die Meinung sagen	· Sport und Sportarten · Gesundheit und Fitness	· reflexive Verben: *sich bewegen, sich ausruhen, …* · Verben mit Präpositionen: *warten auf, sich treffen mit, …* · Fragewörter und Präpositionaladverbien: *Worauf? – Darauf.*
Aus- und Weiterbildung · Aus- und Weiterbildungs-angebote verstehen	**Mein Berufsweg** · einen biogra-phischen Text zum beruflichen Werdegang verstehen · über den Traum-beruf sprechen	· Schule und Schularten · Schulfächer · Ausbildung und Beruf	· Präteritum der Modalverben: *musste, konnte, …* · Konjunktion *dass: Es ist wichtig, dass man einen guten Schulabschluss hat.*
Geschenke · Meinungen und Vorlieben ausdrücken · Wichtigkeit ausdrücken	**Ein Fest planen** · von Festen erzählen · Feste planen	· Geschenke · Hochzeit · Feste	· Dativ als Objekt: *meinem Mann, meiner Nachbarin, …* · Stellung der Objekte: *Dimi empfiehlt es ihm.* · Präposition von + Dativ: *von meinem Kollegen*

Inhaltsverzeichnis **Kursbuch**

Vorwort

Liebe Leserinnen, liebe Leser,

mit *Schritte plus Neu* legen wir Ihnen ein komplett neu bearbeitetes Lehrwerk vor, mit dem wir das jahrelang bewährte und erprobte Konzept von *Schritte plus* noch verbessern und erweitern konnten. Erfahrene Kursleiterinnen und Kursleiter haben uns bei der Neubearbeitung beraten, um *Schritte plus Neu* zu einem noch passgenaueren Lehrwerk für die Erfordernisse Ihres Unterrichts zu machen. Wir geben Ihnen im Folgenden einen Überblick über Neues und Altbewährtes im Lehrwerk und wünschen Ihnen viel Freude in Ihrem Unterricht.

Schritte plus Neu ...

- führt Lernende ohne Vorkenntnisse in 3 bzw. 6 Bänden zu den Sprachniveaus A1, A2 und B1.
- orientiert sich an den Vorgaben des Gemeinsamen Europäischen Referenzrahmens sowie an den Vorgaben des Rahmencurriculums für Integrationskurse des Bundesamts für Migration und Flüchtlinge.
- bereitet gezielt auf die Prüfungen *Start Deutsch 1* (Stufe A1), *Start Deutsch 2* (Stufe A2), den *Deutsch-Test für Zuwanderer* (Stufe A2–B1), das *Goethe-Zertifikat* (Stufe A2 und B1) und das *Zertifikat Deutsch* (Stufe B1) vor.
- bereitet die Lernenden auf Alltag und Beruf vor.
- eignet sich besonders für den Unterricht mit heterogenen Lerngruppen.
- ermöglicht einen zeitgemäßen Unterricht mit vielen Angeboten zum fakultativen Medieneinsatz (verfügbar im Medienpaket sowie im Lehrwerkservice und abrufbar über die *Hueber Media*-App).

Der Aufbau von Schritte plus Neu

Kursbuch (sieben Lektionen)

Lektionsaufbau:

- Einstiegsdoppelseite mit einer rundum neuen Foto-Hörgeschichte als thematischer und sprachlicher Rahmen der Lektion (verfügbar als Audio oder Slide-Show) sowie einem Film mit Alltagssituationen der Figuren aus der Foto-Hörgeschichte
- Lernschritte A–C: schrittweise Einführung des Stoffs in abgeschlossenen Einheiten mit einer klaren Struktur

- Lernschritte D+E: Trainieren der vier Fertigkeiten Hören, Lesen, Sprechen und Schreiben in authentischen Alltagssituationen und systematische Erweiterung des Stoffs der Lernschritte A–C
- Übersichtsseite Grammatik und Kommunikation mit Möglichkeiten zum Festigen und Weiterlernen sowie zur aktiven Überprüfung und Automatisierung des gelernten Stoffs durch ein Audiotraining und ein Videotraining sowie eine Übersicht über die Lernziele
- eine Doppelseite „Zwischendurch mal ..." mit spannenden fakultativen Unterrichtsangeboten wie Filmen, Projekten, Spielen, Liedern etc. und vielen Möglichkeiten zur Binnendifferenzierung

Arbeitsbuch (sieben Lektionen)

Lektionsaufbau:

- abwechslungsreiche Übungen zu den Lernschritten A–E des Kursbuchs
- Übungsangebot in verschiedenen Schwierigkeitsgraden, zum binnendifferenzierten Üben
- ein systematisches Phonetik-Training
- ein systematisches Schreibtraining
- Aufgaben zum Selbstentdecken grammatischer Strukturen (Grammatik entdecken)
- Aufgaben zur Prüfungsvorbereitung
- Selbsttests am Ende jeder Lektion zur Kontrolle des eigenen Lernerfolgs der Teilnehmer
- fakultative Fokusseiten zu den Themen Alltag, Beruf und Familie

Anhang:

- Lernwortschatzseiten mit Lerntipps, Beispielsätzen und illustrierten Wortfeldern
- Grammatikübersicht

Außerdem finden Sie im Lehrwerkservice zu *Schritte plus Neu* vielfältige Zusatzmaterialien für den Unterricht und zum Weiterlernen.

Viel Spaß beim Lehren und Lernen mit *Schritte plus Neu* wünschen Ihnen

Autoren und Verlag

Die erste Stunde im Kurs

1 Stellen Sie sich vor: Wie heißen Sie?

2 Lesen Sie die Texte und verbinden Sie.

Tim
Lara

ist Polin/Pole.
ist Kanadierin/Kanadier.
hat eine neue Arbeit in einem Hotel.
kennt Tim aus dem Deutschkurs.
zieht in eine neue Stadt um.

A

> Hallo! Mein Name ist Tim Wilson. Ich komme aus Ottawa. Das ist die Hauptstadt von Kanada. Dort leben auch meine Eltern und mein Bruder. Ich bin schon fast ein Jahr hier in Deutschland. Ich habe einen Sprachkurs gemacht und mein Deutsch verbessert. Jetzt habe ich eine Stelle an der Rezeption in einem Hotel bekommen und ziehe gerade um. Neue Stadt, neues Glück. Leider kenne ich dort noch keine Leute. Aber das wird schon ... hoffe ich.

B

> Ich bin Lara Nowak und komme aus Polen. Tim habe ich in der Sprachenschule kennengelernt. Ich mag ihn, er ist nett und lustig. Wir haben viel miteinander gelacht. Nun geht jeder seinen eigenen Weg. Na ja, so ist das Leben. Zum Glück gibt's das Internet!

3 Arbeiten Sie zu zweit.
Fragen Sie Ihre Partnerin / Ihren Partner und ergänzen Sie den Fragebogen.

> Woher kommst du?

Vorname:
Name:
Heimatland:
Seit wann hier?
Sprachen:
Hobbys:
Beruf:

4 Im Kurs: Stellen Sie Ihre Partnerin / Ihren Partner vor.

> Das ist Hah Sae-yun. Er kommt aus Korea.

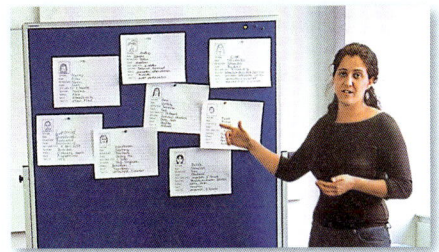

Folge 1: Aller Anfang ist schwer.

1 Sehen Sie die Fotos an.

a Was meinen Sie? Was ist richtig? Kreuzen Sie an.

1 Tim ist ○ in Urlaub gefahren. ○ in eine andere Stadt gezogen.

2 Tim ist ○ glücklich. ○ traurig.

3 Tim findet die Wohnung ○ toll. ○ hässlich.

4 Tim ○ sieht sich Fotos von Lara an. ○ skypt mit Lara.

5 Wer sind die beiden anderen Personen im Supermarkt (Foto 5 und 6)?
○ Freunde ○ Nachbarn von Tim

6 Tim geht es nach dem Einkauf ○ besser. ○ nicht besser.

1 ◀)) 1–8 **b** Hören Sie und vergleichen Sie.

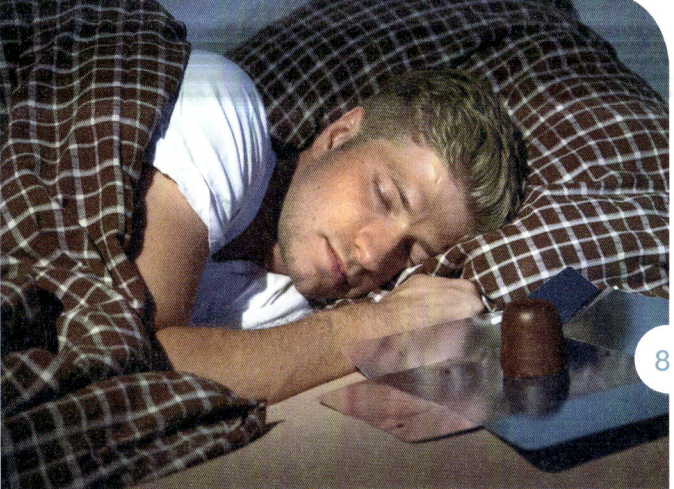

Tims Film

1 ◀)) 1–8   2 Was ist richtig? Hören Sie noch einmal und kreuzen Sie an.

a ○ Es hat geklappt: Tim hat im Hotel ein Zimmer für Mitarbeiter bekommen.
b ○ Von der Wohnung bis zum Hotel im Zentrum muss Tim vierzig Minuten fahren.
c ○ Tim hat das Gefühl: „Ich bin allein."
d ○ Im Supermarkt lernt Tim zwei Nachbarn kennen.
e ○ Betty und Paul haben nur noch drei Euro.
f ○ Die Nachbarn mögen keine Musik.

1 ◀)) 6   3 Wer wohnt wo?

Hören Sie noch einmal
und ordnen Sie zu.

1. Stock →

Erdgeschoss →

Betty und Paul ~~Tim~~

....

Tim

4 „Aller Anfang ist schwer."
Kennen Sie das? Erzählen Sie.

> *Ich bin gerade erst nach Deutschland gekommen.*
> *Das ist schwer. Ich vermisse meine Familie sehr.*

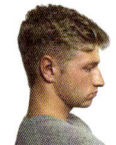

A Ich bin traurig, **weil** ich ...

A1 Verbinden Sie.

a Warum hast du kein Zimmer im Hotel bekommen?

b Warum wohnst du so weit draußen?

c Ich bin traurig,

weil ich hier keinen Menschen kenne.

Weil dort im Moment kein Zimmer frei ist.

Weil die Mieten im Zentrum so teuer sind.

| Warum wohnst du so weit draußen? | Weil die Mieten im Zentrum so teuer sind. |
| Ich bin traurig, | weil ich hier keinen Menschen kenne. |

A2 Lesen Sie und markieren Sie wie im Beispiel. Ergänzen Sie dann die Tabelle.

 Hallo Tim. Wie geht es dir?

 Na ja, nicht so toll.

 Warum?

 Weil ich hier ganz allein bin.
Weil ich nicht im Hotel wohnen kann.
Weil ich keine Freunde gefunden habe.
Und weil meine Eltern nicht anrufen.

Ich bin allein.
→ Weil ich allein *bin* .
Ich kann ... wohnen.
→ Weil ich ... *wohnen* .
Ich habe ... gefunden.
→ Weil ich ... _____.
Meine Eltern rufen nicht an.
→ Weil meine Eltern nicht _____.

1 ◀)) 9–13 A3 Wer zieht warum um?

Hören Sie, ordnen Sie zu und schreiben Sie die Sätze mit *weil* neu.

Ich möchte in Marburg studieren.   Mein Arbeitgeber zieht um.
~~Ich habe eine Arbeit in Berlin gefunden.~~
Ich habe eine Stuttgarterin geheiratet.   Meine Familie und meine Freunde leben in Köln.

 A   *Weil ich eine Arbeit in Berlin gefunden habe.*

 D ....

 E ....

 B ....

 C ....

⇄ A4 Arbeiten Sie zu dritt.

Schreiben Sie zwei Fragen mit *warum*.
Wer findet in drei Minuten am meisten Antworten mit *weil*?

Warum ist Tim traurig?
Warum bist du heute glücklich?

1 ◀)) 14 **B1** Ordnen Sie zu. Hören Sie dann und vergleichen Sie.

gesagt   eingekauft   ~~kennengelernt~~

◆ Ah, du hast _____! Lecker!
  Und alles so gesund! ...
○ Ja, stimmt! Du, ich habe schon zwei
  Nachbarn *kennengelernt* .
◆ Na! Was habe ich dir _____?

Ich habe schon zwei Nachbarn kennengelernt.

kennen ✂ lernen   →   kennen**ge**lernt
ein ╱ kaufen   →   ein**ge**kauft

B2 Was für ein Morgen!

a Lesen Sie den Eintrag in Tims Online-Tagebuch
  und ordnen Sie die Bilder.

Ich war gestern Abend nach dem Umzug sehr müde und
habe nur noch ein paar Sachen ausgepackt und Lara
angerufen. Meine Nachbarn haben laut Musik gehört, aber
ich bin sofort eingeschlafen. Und so hat mein Tag heute
angefangen: Zuerst habe ich heute Morgen den Wecker
nicht gehört. Ich bin also zu spät aufgestanden. Dann bin
ich auch noch in die falsche S-Bahn eingestiegen und habe
es erst zwei Stationen später gemerkt. ☹
Aber ich bin schließlich sogar noch pünktlich im Hotel
angekommen.

Oje, ich habe den Wecker auch schon oft nicht
gehört. Aber zum Glück noch nie am ersten
Arbeitstag! ☺

b Lesen Sie noch einmal und markieren Sie in a wie im Beispiel. Ergänzen Sie dann.

...(e)t:	aus ✂ packen – hat *ausgepackt*
...en:	an ╱ rufen – hat _____
	an ╱ fangen – hat _____
	ein ╱ steigen – ist _____

ein ╱ schlafen – ist _____
auf ╱ stehen – ist _____
an ╱ kommen – ist _____

SCHON FERTIG? Kennen Sie noch andere
Wörter mit *aus-, ab-, auf-, ein-, an-* ?

c Was ist Tim heute passiert?
  Sprechen Sie mit Ihrer Partnerin / Ihrem Partner.

Zuerst hat Tim den Wecker nicht gehört.

zuerst – dann – später – schließlich

⇄ **B3 Wie war Ihr Tag gestern?**

a Schreiben Sie einen Tagebuch-Eintrag
  und hängen Sie ihn im Kurs auf.

b Lesen Sie die Einträge und schreiben
  Sie einen Kommentar.

Mein Tag war ganz
normal. Um fünf Uhr
bin ich aufgestanden.
Dann ...

Oje, du bist aber
früh aufgestanden! ☹

1 ◄)) 15–17 **C1 Hören Sie und ordnen Sie zu.**   erlebt passiert verstanden

◆ Ach, Lara! ...
○ Das klingt aber nicht gut.
  Was ist _____ ?

◆ So was hast du noch
  nicht _____ !
  Hier, sieh mal.

▲ Ich hab's
  _____ .
◻ Was hast du verstanden?

Was ist passiert?	So was hast du noch nicht erlebt!	
passieren → passiert	erleben → erlebt	*auch so:* ver-, be-, ent-

C2 Pannen im Alltag

a Welche Nachrichten passen zusammen? Lesen Sie und ordnen Sie zu.

1 So ein Mist! Ich habe die S-Bahn verpasst, komme 20 Minuten zu spät!

A Wie peinlich! Aber warum hat er dich nicht gesehen? Hat er auch telefoniert?

2 Schatz, ich habe den Schlüssel vergessen und es jetzt erst bemerkt. Ab wann bist du zu Hause?

B Alles klar, bis dann!

3 Stell dir vor, Jan hat im Urlaub seine Geldbörse verloren. ☹

C Oje! Ich habe gerade erfahren: Heute muss ich lange arbeiten und kann erst ab 20 Uhr zu Hause sein. ☹

4 Du glaubst es nicht! Habe heute Morgen beim Gehen telefoniert und bin vor dem Büro mit meinem Chef zusammengestoßen ...

D So ein Pech! Mit Papieren und Kreditkarte?

Nachricht	1	2	3	4
Antwort	B			

b Lesen Sie noch einmal und markieren Sie in a wie im Beispiel. Ergänzen Sie dann.

verpassen – hat *verpasst*	erfahren – hat _____
vergessen – hat _____	verlieren – hat _____
bemerken – hat _____	telefonieren – hat _____

⇄ **C3 Alltagspannen: Was haben Sie schon verloren, verpasst ...?**
Machen Sie Notizen und erzählen Sie im Kurs.

◆ Ich habe letztes Jahr mein Handy im Zug vergessen.
○ Oje! Und was hast du dann gemacht?
◆ Ich habe bei der Bahn angerufen.
  Zum Glück hat ein Mann es gefunden und ...

Was? Handy im Zug vergessen
Wann? letztes Jahr
Was ist dann passiert? ...

Stell dir vor, ... | Du glaubst es nicht! | So was hast du noch nicht erlebt! |
So ein Pech! | So ein Mist! | Wie peinlich! | Zum Glück ... |
Oje! Und was ist dann passiert? | Und was hast du dann gemacht?

D1 Annas Familie

1 ◀)) 18   **a** Hören Sie und ordnen Sie zu.

Bruder Cousine Neffe Nichte Onkel
Schwägerin Tante Vater ~~Mutter~~

Großeltern

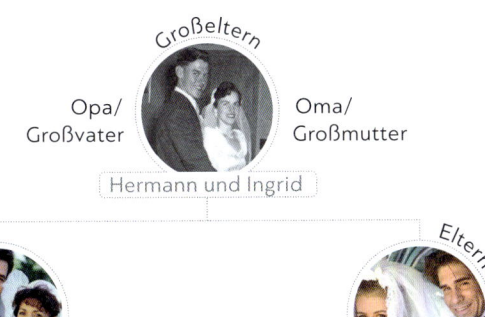

Opa/
Großvater

Oma/
Großmutter

Hermann und Ingrid

Eltern

Stefan und Daniela

Annette und Martin

Mutter

Alexander   Julia

Maria

Anna

Esther   Luca

b Vergleichen Sie mit Ihrer Partnerin / Ihrem Partner.

◆ Wer ist Annette?
○ Annette ist Annas Mutter.

Annas Mutter = die Mutter von Anna

1 ◀)) 19 **D2 Was ist richtig? Hören Sie weiter und kreuzen Sie an.**

a ○ Anna und Maria haben als Kinder oft zusammen gespielt.
b ○ Maria lebt in Dresden und studiert Musik.
c ○ Leon findet: Anna sieht sehr sympathisch aus.
d ○ Maria ist verheiratet.

D3 Machen Sie Notizen und erzählen Sie. Zeigen Sie auch ein Foto.

– Welches Familienmitglied ist besonders wichtig für Sie?
– Was haben Sie zusammen erlebt?
– Wie oft sehen Sie sie/ihn?
– Wo lebt sie/er?
– Was macht sie/er beruflich?
…

Lieblingscousin Aleko
…

Das ist mein Lieblingscousin Aleko. Wir haben oft …

E Wohn- und Lebensformen

E1 Im Mietshaus

a Wer wohnt wo? Was meinen Sie? Sprechen Sie. Hören Sie dann und ordnen Sie zu.

> *Im dritten Stock wohnen drei Frauen.*
> *Das ist wahrscheinlich die WG.*

- • die Familie • das Ehepaar • die alleinerziehende Mutter
- • die Wohngemeinschaft (WG) • ~~der Single~~

① • der Single

◯ _____

◯ _____

◯ _____

◯ _____

DACHWOHNUNG
3. STOCK
2. STOCK
1. STOCK
ERDGESCHOSS

b Was ist richtig? Hören Sie noch einmal und kreuzen Sie an.

1 Hristo Radev hat bisher bei
☒ seinem Bruder ◯ seiner Frau gewohnt.
2 Familie Wasilewski hat jetzt
◯ zwei Zimmer. ◯ drei Zimmer.
3 Frau Hauser lebt seit
◯ einem halben Jahr ◯ seit sechs Jahren von ihrem Mann getrennt.
4 Yusuf und Ayşe Dirim wohnen
◯ schon ◯ noch nicht lange in Deutschland.
5 Luisa, Teresa und Patricia kommen aus
◯ Italien. ◯ verschiedenen Ländern.

> im Erdgeschoss
> im ersten/zweiten/
>   dritten Stock
> in der Dachwohnung

E2 Unser Viertel

a Lesen Sie und ordnen Sie die Personen (1–5) in E1a zu.

Von uns, für uns
– die Zeitung im Grünfelder Viertel

In unserem Viertel werden jeden Monat neue Häuser fertig.
Vor einer Woche sind die Mieter in die Sonnenburger Straße 20 eingezogen.
Lernen Sie sie kennen:

HRISTO RADEV

5 Ich bin 23 Jahre alt und wohne zum ersten Mal allein. Das ist noch ein bisschen komisch für mich. Zum Glück sind die Nachbarn im Haus sehr nett.
Meine Familie in Bulgarien ist groß und alle wohnen in einem Haus: meine
Eltern, meine Großeltern und auch mein Onkel mit seiner Familie. Das ist
toll, dort ist immer jemand da. Hier in Deutschland bin ich fast nie zu Hause.
10 Am Tag arbeite ich und abends soll ich ganz allein essen? Nein, das will ich
nicht. Ich treffe dann Freunde oder gehe zu meinem Bruder und seiner
Familie. Er wohnt gleich um die Ecke.

SYLWIA WASILEWSKI

Mein Mann und ich sind vor fünf Jahren aus Polen nach Deutschland gekom-
15 men, weil wir hier Arbeit gefunden haben. Ich bin Krankenschwester und
mein Mann ist Programmierer in einem Software-Unternehmen. Es gefällt uns
sehr gut in Deutschland, besonders jetzt in der Wohnung hier im Haus. Endlich hat unser Sohn sein eigenes Zimmer. Bald möchten wir noch ein Kind.
Dann wollen wir ein Haus auf dem Land kaufen. In einem Dorf ist es einfach
20 viel besser für Kinder.

KATRIN HAUSER

Ich bin mit meiner Tochter Ella in eine Zwei-Zimmer-Wohnung gezogen.
Das reicht uns, denn Ella ist oft auch bei ihrem Vater, und dann bin ich allein
hier. Wir teilen uns die Zeit: Eine Woche ist Ella bei mir, dann eine Woche
25 bei ihrem Vater. Dort hat sie ein eigenes Kinderzimmer. Ihr Vater wohnt nur
drei Straßen weiter. Das macht alles sehr einfach und Ella kommt auch von
dort gut zur Schule.

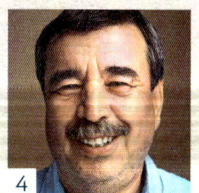

YUSUF DIRIM

Meine Frau Ayşe und ich leben schon seit 35 Jahren in Deutschland. Früher
30 haben wir in einem Hochhaus im 10. Stock gewohnt. Wir hatten vier Zimmer
und einen Balkon. Aber jetzt sind die Kinder groß. Alle sind ausgezogen und
wir brauchen nicht mehr so viel Platz. Die Zwei-Zimmer-Wohnung im Erdgeschoss mit Garten ist genau richtig. Wir mögen das Viertel sehr. Es ist schön
ruhig und es gibt viele Bäume.

35 ### LUISA BACH

Ich wohne in einer Wohngemeinschaft zusammen mit Teresa und Patricia.
Jede von uns hat ihr eigenes Zimmer, aber die Küche und das Bad benutzen
wir gemeinsam. Wir teilen uns die Miete, das ist sehr günstig. Ich möchte
aber auch sonst nicht allein wohnen. Nun komme ich nach Hause und es ist
40 fast immer jemand da. Das mag ich sehr. Wir treffen uns normalerweise in
der Küche. Manchmal kochen wir am Abend zusammen und erzählen von
unserem Tag. Am Wochenende frühstücken wir zusammen. Das finde ich
besonders schön, das ist wie in einer Familie.

b Was ist richtig? Kreuzen Sie an.

1 ☒ Hristo Radev lebt nicht so gern allein.
2 ○ Frau Wasilewski ist schwanger.
3 ○ Ella sieht ihren Vater nur noch
   selten, weil ihre Eltern getrennt leben.
4 ○ Yusuf und Ayşe Dirim brauchen mehr Platz, weil sie viele Kinder und Enkel haben.
5 ○ Luisa Bach wohnt in einer WG, weil sie die Miete teilen kann und weil sie nicht gern allein wohnt.

> **SCHON FERTIG?** Suchen Sie im Text Wörter zum Thema „Wohnen".

E3 Wie leben Ihre Freunde, Verwandten oder Bekannten in Ihrem Heimatland und/oder in Deutschland? Erzählen Sie.

> seit … Jahren allein/getrennt/zusammen mit den Schwiegereltern/… leben | seit … geschieden/verheiratet/ledig sein | (keine) Kinder haben/wollen | seit … berufstätig/in Rente/arbeitslos sein | seit … studieren/als … arbeiten | Das findet er/sie (nicht so) toll. | Das gefällt ihm/ihr (nicht).

> *Meine Schwiegermutter lebt in der Türkei. Sie lebt mit ihrer Tochter, ihrem Sohn und ihren Enkelkindern in einem Haus. Das findet sie toll. Sie hilft ihrer Tochter im Haushalt und spielt mit den Enkeln.*

Grammatik und Kommunikation

Grammatik

1 Konjunktion: *weil* **ÜG** 10.09

	Konjunktion	Ende
Ich bin traurig,	weil ich hier keinen Menschen	kenne.
	weil meine Eltern nicht	anrufen.
	weil ich keine Freunde	gefunden habe.
	weil ich nicht im Hotel	wohnen kann.
Warum wohnst du so weit draußen?		
	Weil die Mieten im Zentrum so teuer	sind.

Finden Sie für Klara in fünf Minuten möglichst viele Ausreden mit *weil*.

Klara, ich habe gestern zwei Stunden auf dich gewartet. Warum bist du nicht gekommen?

Weil mein Hund krank war.

2 Perfekt: trennbare Verben **ÜG** 5.05

	Präfix + ge...t/en
kennen✂lernen ich lerne kennen	Ich habe schon zwei Nachbarn kennengelernt.
ein✂kaufen du kaufst ein	Du hast eingekauft.
an✂rufen ich rufe an	Ich habe Lara angerufen.

auch so: aus-, ab-, auf-, …

ge

ein✂kaufen → ein✂**ge**kauft

ge

an✂kommen → an✂**ge**kommen

3 Perfekt: Verben auf *-ieren* **ÜG** 5.05

		...iert: **ohne -ge-!**		
passieren	es passiert	Was	ist	passiert?
telefonieren	ich telefoniere	Ich	habe beim Gehen	telefoniert.

4 Perfekt: nicht-trennbare Verben **ÜG** 5.05

		Präfix + ...t/en: **ohne -ge-!**		
erleben	du erlebst	So was	hast du noch nicht	erlebt!
bemerken	ich bemerke	Ich	habe es jetzt erst	bemerkt.
verstehen	ich verstehe	Ich	habe es	verstanden.

auch so: emp-, ent-, ge-, zer-, …

5 Namen im Genitiv: *von* + Dativ **ÜG** 1.03

Anna**s** Mutter = die Mutter von Anna

TiPP

Lernen Sie Wörter immer mit allen Formen und mit Beispielen.

telefonieren, sie/er telefoniert, hat telefoniert:
Ich habe gestern mit Laura telefoniert.

erleben, sie/er erlebt, hat erlebt:
So was hast du noch nicht erlebt!

Kommunikation

VON ALLTAGSPANNEN ERZÄHLEN: Wie peinlich!

Stell dir vor, ...
Du glaubst es nicht! | So was hast du noch nicht erlebt!
So ein Pech! | So ein Mist! | Wie peinlich! | Zum Glück ...
Oje! Und was ist dann passiert? | Und was hast du dann gemacht?

VON WOHN- UND LEBENSFORMEN ERZÄHLEN: Ich lebe seit ... allein.

seit ... Jahren allein / getrennt / zusammen mit den Schwiegereltern / ... leben
seit ... geschieden / verheiratet / ledig sein
(keine) Kinder haben / wollen
seit ... berufstätig / in Rente / arbeitslos sein
seit ... studieren / als ... arbeiten

ETWAS BEWERTEN: Das findet er toll.

Das findet sie / er (nicht so) toll.
Das gefällt ihr / ihm (nicht).

EINE AUSSAGE GLIEDERN: Zuerst hat Tim ...

Zuerst ...
Dann ...
Später ...
Schließlich ...

Was ist passiert? Wählen Sie eine Situation und schreiben Sie.

① Stell dir vor, gestern bin ich um acht Uhr aus dem Haus gegangen und ...

Sie möchten noch mehr üben?

1 | 25–27
AUDIO-
TRAINING

VIDEO-
TRAINING

Lernziele

Ich kann jetzt ...

A ... Gründe nennen: *Warum wohnst du so weit draußen? –*
   Weil die Mieten im Zentrum so teuer sind. _____ ☺ ☺ ☹
B ... sagen: Das habe ich gestern/früher gemacht:
   Ich bin zu spät aufgestanden. _____ ☺ ☺ ☹
C ... sagen: Das habe ich erlebt:
   Ich habe die S-Bahn verpasst. _____ ☺ ☺ ☹
D ... von meiner Familie erzählen:
   Das ist mein Lieblingscousin Aleko. _____ ☺ ☺ ☹
E ... von Wohn- und Lebensformen erzählen:
   Meine Schwiegermutter lebt in der Türkei. _____ ☺ ☺ ☹

Ich kenne jetzt ...

... 8 Familienmitglieder:
der Onkel, ...
_____
_____

... 5 Wohn- oder Lebensformen:
die Großfamilie, ...
_____
_____

Na? Singen wir was?

Dieses Lied zum Beispiel. ... Was meinen Sie? Der Text ist nicht so toll? Sie haben recht.
Er passt nicht, weil die Geschichten mit Onkel Willi und Tante Hanne schon lange passiert sind.
Sie müssen den Liedtext umschreiben.

Der Fernseher funktioniert nicht.
Onkel Willi repariert ihn.
Dann macht er ihn wieder an.
Die Nichten und Neffen lachen laut.

Der Fernseher _hat_ nicht _funktioniert_ .
Onkel Willi _____ ihn _____ .
Dann _____ er ihn wieder _____ .
Die Nichten und Neffen _____ laut _____ .

Tante Hanne sitzt im Restaurant.
und isst einen Fisch.
Dann passiert etwas Dummes.
Onkel Willi fotografiert es.

Tante Hanne _____ im Restaurant _____ .
und _____ einen Fisch _____ .
Dann _____ etwas Dummes _____ .
Onkel Willi _____ es _____ .

Tante Hanne zieht nach Köln um.
Onkel Willi fliegt zu ihr.
Er nimmt das falsche Flugzeug
und kommt in Hamburg an.

Tante Hanne _____ nach Köln _____ .
Onkel Willi _____ zu ihr _____ .
Er _____ das falsche Flugzeug _____ .
und _____ in Hamburg _____ .

Wir trainieren das nun dreimal   Wir _____ das nun dreimal _____
und studieren es dabei genau.   und _____ es dabei genau _____ .
Wir fangen ganz langsam an.   Wir _____ ganz langsam _____ .
Am Ende geht es schon ganz schnell.   Am Ende _____ es schon ganz schnell _____ .

1 Lesen Sie den Liedtext und ergänzen Sie in der richtigen Form.

1 ◀)) 28   2 Hören Sie das Lied und vergleichen Sie.

FILM

Das ist meine Familie.

Sehen Sie den Film an und ergänzen Sie Informationen zu den Familienmitgliedern.

Marie
21, Verkäuferin

Max
Bruder,

Paula

Jan

Helga

Magda

Manfred

Richard

Elisabeth

LANDESKUNDE

Familie? Wer ist denn das?

In Deutschland gibt es heute etwa acht Millionen Familien mit Kindern unter achtzehn Jahren. Etwas mehr als vierzehn Millionen Kinder leben in diesen Familien. Davon sind dreizehn Millionen „minderjährig", also noch keine achtzehn Jahre alt.

Aber wer lebt da zusammen? Wie sehen diese Familien aus? Neunundsechzig Prozent sind verheiratete Paare mit Kindern. Zehn Prozent sind Lebensgemeinschaften mit Kindern, das heißt: Die Eltern sind nicht

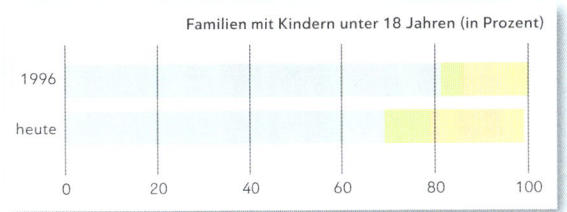

Familien mit Kindern unter 18 Jahren (in Prozent)

	1996	heute

0   20   40   60   80   100

verheiratet. Zwanzig Prozent sind Alleinerziehende mit Kindern. Zum Vergleich: 1996 waren es noch einundachtzig Prozent Ehepaare mit Kindern. Nur fünf Prozent waren Lebensgemeinschaften mit Kindern und nur vierzehn Prozent Alleinerziehende mit Kindern.

1 Lesen Sie den Text. Welche Familienformen finden Sie? Ergänzen Sie.

A
1996: 81%
heute:

B
1996: 5%
heute:

Lebensgemeinschaften

C
1996: 14%
heute:

2 Lesen Sie noch einmal. Welche Zahlen sind für die Familien heute richtig? Ergänzen Sie in 1.

Zu Hause

Folge 2: Was man hat, das hat man.

1 Was ist richtig? Ordnen Sie zu.

A

Glühbirnen …

B

Energiesparlampen …

Ⓐ brauchen viel Energie.
◯ brauchen wenig Energie.
◯ muss man heute benutzen.
◯ kann man in der Europäischen
  Union nicht mehr kaufen.

🔊 29–36

2 Sehen Sie die Fotos an und lesen Sie die Fragen. Was meinen Sie? Sprechen Sie.
Hören Sie dann und vergleichen Sie.

Wer ist die Frau? Was ist ihr Problem? Kann Tim helfen? Warum hat sie so viele Glühbirnen?

🔊 29–36

3 Was ist richtig? Hören Sie noch einmal und kreuzen Sie an.

a Warum kann Frau Sicinski die Glühbirne nicht selbst wechseln?

◯ Weil sie an der Decke hängt – zu weit oben für Frau Sicinski.
◯ Weil sie keine Glühbirnen mehr hat.

b Warum kann man keine Glühbirnen mehr kaufen?

◯ Weil Glühbirnen nicht richtig hell werden.
◯ Weil Glühbirnen verboten sind.

c Was gibt Frau Sicinski Tim zum Dank und warum?

○ Ohrenstöpsel, weil Betty und Paul so laut Musik hören.
○ Nichts, weil Tim kein Geschenk möchte.

Tims Film

1 ◀)) 36 **4 Wer wohnt wo? Hören Sie noch einmal und ordnen Sie zu.**

Betty und Paul   ~~Tim~~   Frau Sicinski

_____   Tim _____

5 „Was man hat, das hat man."
Erzählen Sie: Was sammeln Sie?
Was haben Sie in großer Menge?

> Ich habe ganz viel Seife zu Hause, denn ich kaufe jedes Sonderangebot.

> Ich sammle Kugelschreiber.
> Ich habe schon ...

A Die Lampe **hängt an der Decke**.

A1 Wo ist ...? Ordnen Sie zu.

A

B

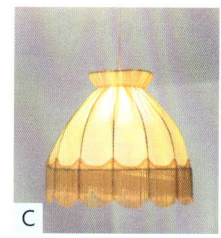
C

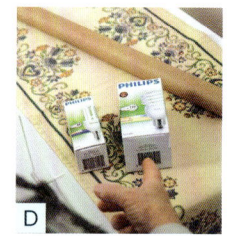
D

- ⊘ Die Lampe hängt an der Decke.
- ◯ Der Schlüssel steckt im Schloss.
- ◯ Tims Sachen liegen auf dem Tisch.
- ◯ Tim steht auf der Leiter.

Wo ist ...?			
Das Bild		steckt	im Papierkorb.
		steht	auf dem Tisch.
		hängt	an der Wand.
		liegt	im Regal.

WIEDERHOLUNG

Wo?			
	an		über
	auf		unter
	hinter		vor
	in		zwischen
	neben		

an + dem = am
in + dem = im

A2 Suchbild: Was ist in Zimmer B anders?

Sprechen Sie mit Ihrer Partnerin / Ihrem Partner und finden Sie die sieben Unterschiede.

A

B

◆ In Zimmer A liegt eine Katze auf dem Sessel.

○ In Zimmer B sitzt die Katze unter dem Tisch.

A3 Unser Kursraum

Was liegt/steht/hängt/steckt wo? Schreiben Sie Sätze.
Wer findet in fünf Minuten die meisten Beispiele?

Die Bücher liegen auf den Tischen.
Mein Handy steckt in meiner Tasche.
...

B1 Wer sagt was? Ordnen Sie zu.

○ Ihre Sachen liegen noch auf dem Tisch.
○ Kann ich meine Sachen auf den Tisch legen?

A

B

Wohin? →			Wo? ◎		
Tim legt die Sachen	auf	• den Tisch.	Tims Sachen liegen	auf	• dem Tisch.
	auf	• das Sofa.		auf	• dem Sofa.
	unter	• die Leiter.		unter	• der Leiter.
	neben	• die Glühbirnen.		neben	• den Glühbirnen.

B2 Kettenübung: Wohin legen Sie Ihren Schlüssel? Sprechen Sie.

Ich lege meinen Schlüssel unter meinen Stuhl.

Du legst deinen Schlüssel unter deinen Stuhl. Ich lege meinen Schlüssel ...

B3 Einen Arbeits- oder Lernplatz einrichten

a Lesen Sie. Was machen Sie auch? Erzählen Sie.

Mein Schreibtisch steht auch am Fenster ...

Gut arbeiten und lernen –
das klappt am besten mit Ruhe, Licht und Ordnung. Hier sind unsere Tipps:

Ruhe Hängen Sie ein Schild an die Tür: „Bitte nicht stören!" Immer noch zu laut? Dann stecken Sie Ohrenstöpsel in die Ohren.

Licht Licht ist wichtig. Stellen Sie den Schreibtisch am besten ans Fenster und stellen Sie eine Lampe auf den Schreibtisch.

Ordnung Räumen Sie den Schreibtisch jeden Abend auf: Legen Sie Papier und Stifte wieder in die Schubladen und stellen Sie die Bücher ins Regal.

b Markieren Sie in a wie im Beispiel und ergänzen Sie die Tabelle.

Wohin? →	Wo? ◎	Wohin? →	Wo? ◎
legen	liegen		stecken
	stehen		hängen

B4 Bilder bauen und beschreiben

Arbeiten Sie in Gruppen und „bauen" Sie ein Bild. Zeigen Sie einer anderen Gruppe Ihr Bild. Die anderen beschreiben das Bild.

An der Wasserflasche hängt ein Schlüssel. ...

◆ Wir legen einen Stift neben die Wasserflasche.
○ Und meinen Schlüssel hängen wir an die Flasche. Warte: So! ...

C Stellen Sie die Leiter **dahin**.

C1 da – dahin

1 ◀)) 37 **a** Was sagt Frau Sicinski? Hören Sie und kreuzen Sie an.

1 Stellen Sie die Leiter ○ da. ○ dahin.

2 ○ Da ○ Dahin steht sie genau richtig.

Wo? ◎	Wohin? →
hier/da/dort	hierhin/dahin/dorthin

b Fragen Sie und antworten Sie.

◆ Wohin soll ich die Pflanze stellen?

○ Dorthin, bitte.

◆ Ans Fenster?

○ Ja, genau. Dort steht sie gut.

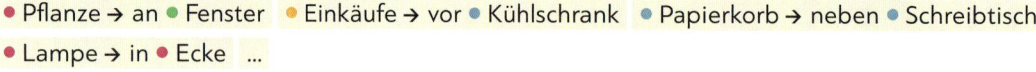

● Pflanze → an ● Fenster ● Einkäufe → vor ● Kühlschrank ● Papierkorb → neben ● Schreibtisch ● Lampe → in ● Ecke ...

C2 Was sagt Frau Sicinski noch? Ergänzen Sie.

a Ich kann nicht mehr auf die Leiter steigen. Steigen Sie doch bitte _rauf_.

b Vorsicht, Tim! Fallen Sie nicht _____.

c Die Glühbirne kommt da _____ – in den Müll.

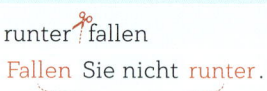

runter ✂ fallen

Fallen Sie nicht runter.

	raus
	rein
	rauf
	runter
	rüber

C3 Was sagen die Leute?

a Ordnen Sie zu.

~~reinkommen~~ den Stift rübergeben rauskommen den Müll rausbringen

A

B

C

reinkommen

D

_____ _____ _____ _____

b Schreiben Sie Gespräche zu den Situationen in a. Spielen Sie dann.

◇ Störe ich?
● Nein, gar nicht. Kommen
  Sie doch rein, Frau Meier.

D1 Welche Mitteilungen hängen in einem Mietshaus aus?

a Lesen Sie und notieren Sie.

1,

1

Sehr geehrte Hausbewohner,

bitte trennen Sie den Müll sorgfältig. Leider liegt im Biomüll immer wieder anderer Abfall, zum Beispiel Plastik. Bitte beachten Sie: Die Müllabfuhr leert falsch befüllte Mülltonnen nicht. Vielen Dank für Ihre Mithilfe.

A. Besic – Hausmeister

2

An alle Mieter der Friesenstraße 28! In letzter Zeit stehen immer wieder Autos in der Hofeinfahrt. Das Abstellen von Autos im Hof oder in der Einfahrt ist verboten. Bitte benutzen Sie die Parkplätze vor dem Haus oder stellen Sie Ihr Auto in der Garage ab. Mit freundlichen Grüßen Thomas Behringer – Hausverwaltung

4

Liebe Nachbarn,

am Samstag feiern wir unseren Einzug mit einem kleinen Fest. Es kann ein bisschen laut werden. Wir hoffen auf Ihr Verständnis. Oder kommen Sie doch rauf und feiern Sie mit! Herzliche Grüße
Sandy und Nico Hiller

3

Sehr geehrter Herr Raab, ich kündige meinen Mietvertrag für die Wohnung in der Friesenstraße 28 fristgerecht zum 31.8. Für den Wohnungsübergabetermin rufe ich Sie in den nächsten Tagen an. Mit freundlichen Grüßen P. Guacho

6

Heizungsablesung für Friesenstraße 28

Sehr geehrte Damen und Herren, die Firma Heizo Wärmemessung liest demnächst die Heizungen ab: am 10.10., ca. 7.30 Uhr bis 9.00 Uhr Bitte entfernen Sie Möbel und Gegenstände vor den Heizungen. Geben Sie bei Abwesenheit den Wohnungsschlüssel Ihren Nachbarn.

5

Sehr geehrte Frau Nosikova, die Modernisierung im Haus ist abgeschlossen. Wir freuen uns mit Ihnen über neue, große Balkone und niedrige Heizkosten. Ab dem 1.9. erhöht sich Ihre Kaltmiete auf 458 Euro. Mit freundlichen Grüßen Claudia Rosenstock

b Lesen Sie die Mitteilungen noch einmal. Was ist richtig? Kreuzen Sie an.

1 ☒ Die Mieter sollen den Müll besser trennen.
2 ○ Autos darf man nur vor dem Haus oder in der Garage parken.
3 ○ Herr Guacho zieht am 1.9. in die Friesenstraße 28.
4 ○ Alle Hausbewohner dürfen zur Party kommen.
5 ○ Frau Nosikova muss ab September mehr Miete bezahlen.
6 ○ Die Mieter müssen für die Heizungsablesung selbst zu Hause sein.

> **SCHON FERTIG?** Schreiben Sie eine Mitteilung für Ihr Mietshaus / Ihren Kursraum.

D2 Im Kurs: Welche Regeln gibt es in Ihrem Haus?

Was ist erlaubt? Was ist verboten? Erzählen Sie.

> Wir dürfen keine Schuhe vor die Wohnungstür stellen.

> Kinderwagen und Fahrräder darf man nicht vor den Aufzug stellen, man muss sie unter die Treppe stellen.

E Zusammen leben

1 ◀) 38–41 **E1 Gespräche im Mietshaus**

a Hören Sie die Gespräche und ordnen Sie zu.

A

B

C

D

Gespräch	Foto
1	C
2	
3	
4	

b Wer hat welches Problem? Hören Sie noch einmal und kreuzen Sie an.

	Herr Basso	Herr Dolezal	Frau Weiß	Frau Budanov
Der Briefkasten ist kaputt.	○	○	○	○
... hat den Schlüssel vergessen.	○	○	○	○
Der Aufzug kommt nicht.	○	○	○	○
Die Heizung funktioniert nicht.	○	○	○	○

E2 Welche anderen Probleme im Mietshaus kennen Sie? Sammeln Sie im Kurs.

> Das Treppenhaus ist oft schmutzig.
> Der Hund von meinem Nachbarn
> bellt viel und lange.

E3 Arbeiten Sie zu zweit. Wählen Sie ein Problem aus E1 oder E2.

Spielen Sie Gespräche und finden Sie eine Lösung für das Problem.

◆ Hallo, Frau/Herr ... Sagen Sie mal: Das Treppenhaus ist ziemlich schmutzig. Finden Sie nicht auch?

○ Da haben Sie recht. Wer muss das denn putzen?

◆ Na, Sie! Jede Woche muss ein Mieter das Treppenhaus putzen.

○ Oh, tut mir leid. Das habe ich nicht gewusst.

Sagen Sie mal: ... Finden Sie nicht auch?	Da haben Sie recht. / Natürlich. / Gern.
Entschuldigung. Darf ich Sie etwas fragen?	Was ist (denn) los?
Ich habe ein Problem / eine Frage / eine Bitte: ...	(Das ist doch) Kein Problem. Das mache ich gern. / sofort.
Mit wem muss / kann ich denn da sprechen?	Oh, Entschuldigung. Das war keine Absicht.
Seien Sie bitte so nett und ...	Oh, tut mir leid. Das habe ich nicht gewusst.
Danke für Ihr Verständnis.	Tut mir leid. Das geht nicht, weil ...
	Da sprechen Sie am besten mit ... / Da rufen Sie ... an.

E4   Lesen Sie die Nachrichten und markieren Sie wie im Beispiel.
Warum brauchen die Personen Hilfe? Was ist die Bitte an die Nachbarn?
Wie bekommen die Nachbarn die Schlüssel für die Wohnung?

A

Liebe Frau Ebert,
morgen früh kommt die Firma
Heizo für die Jahresablesung.
Ich habe Frühschicht und muss
schon um halb sechs weg.
Könnten Sie die Firma bitte
in meine Wohnung lassen? Das
wäre sehr nett von Ihnen. Ich
werfe meinen Schlüssel in
Ihren Briefkasten – wie beim
letzten Mal, ja? Ich hoffe,
das ist in Ordnung für Sie.

Vielen Dank für Ihre Hilfe
und herzliche Grüße
Rasha Sabia

B

Hallo Galina, ich fahre am Wochenende zu meiner Schwester. Sie ist krank und ich soll auf die Kinder aufpassen. Kannst du bitte meinen Briefkasten leeren und die Pflanzen gießen? Bist du heute Abend zu Hause? Dann komme ich vorbei und bringe meinen Schlüssel mit.
Bis später! Britta

C

E-Mail senden

Hallo Herr Neumann,
ich muss am Wochenende arbeiten. Würden Sie wieder mit meinem Hund spazieren gehen? Das wäre wirklich nett. Ich klingle heute Abend bei Ihnen, ja? Dann können wir alles besprechen und Sie bekommen gleich meinen Schlüssel.
Viele Grüße
Manuela Klose

E5   Um Hilfe bitten

a   Wählen Sie eine Situation oder finden Sie selbst eine Situation.
Schreiben Sie eine Nachricht an Ihre Nachbarin / Ihren Nachbarn.

Situation 1
am Montag geschäftlich nach
Moskau fliegen   meine Katze füttern
den Schlüssel heute Abend abholen
Danke und viele Grüße

Situation 2
Morgen kommt ein Handwerker
zu Ihnen. Leider müssen Sie arbeiten.
Ihre Nachbarin / Ihr Nachbar soll den
Handwerker in Ihre Wohnung lassen. Sie
bringen den Schlüssel am Abend vorbei.

Liebe Frau Haas,
ich muss ... Können Sie bitte ...
Sie können ... bei mir ...
...
(Ihr Name)

Liebe/Lieber ...

b   Tauschen Sie die Nachricht mit Ihrer Partnerin / Ihrem Partner.
Sie/Er schreibt eine Antwort.

SCHON FERTIG? Spielen Sie
die Situationen als Gespräch.

Kein Problem. Das mache ich gern.
Leider kann ich ... nicht ..., weil ...

Grammatik und Kommunikation

Grammatik

1 Wechselpräpositionen ÜG 6.02

	„Wo?" + Dativ ◎		„Wohin?" + Akkusativ ➡	
auf	• dem	Tisch	• den	Tisch
	• dem	Sofa	• das	Sofa
	• der	Leiter	• die	Leiter
neben	• den	Glühbirnen	• die	Glühbirnen
	Die Sachen liegen auf dem Tisch.		Er legt die Sachen auf den Tisch.	

auch so: an, hinter, in, über, unter, vor, zwischen

2 Verben mit Wechselpräpositionen ÜG 6.02

„Wo?" + Dativ ◎	„Wohin?" + Akkusativ ➡
liegen	legen
stehen	stellen
stecken	stecken
hängen	hängen

3 Direktionaladverbien ÜG 7.02

Wo? ◎	Wohin? ➡
hier/da/dort	hierhin/dahin/dorthin
	Stellen Sie die Leiter dahin.
	rein/raus/rauf/runter/rüber
	runter ↯ fallen
	Fallen Sie nicht runter.

Kommunikation

JEMANDEN UM HILFE BITTEN: Ich habe ein Problem.

*Störe ich? | Sagen Sie mal: ... Finden Sie nicht auch? | Entschuldigung.
Darf ich Sie etwas fragen? | Ich habe ein Problem. / eine Frage. / eine Bitte.
Mit wem muss/kann ich denn da sprechen? | Seien Sie bitte so nett und ...*

NACHBARN UM HILFE BITTEN: Könnten Sie bitte ...

*Ich habe Frühschicht und muss um halb sechs weg.
Ich fahre am Wochenende zu meiner Schwester.
Könnten Sie die Firma bitte in meine Wohnung lassen?
Kannst du bitte meinen Briefkasten leeren und die Pflanzen gießen?
Würden Sie wieder mit meinem Hund spazieren gehen?*

Was ist wo an Ihrem Lernplatz? Schreiben Sie.

> *Auf meinem Tisch steht ein Laptop. Neben dem Laptop steht eine Lampe. ...*

Sie haben eingekauft. Wohin kommen Ihre Einkäufe? Schreiben Sie.

> *Ich stelle die Milch in den Kühlschrank. Getränke stelle ich auf den Balkon. Die Seife ...*

Was sagt die Frau? Schreiben Sie.

Sie fahren für eine Woche weg. Schreiben Sie eine Nachricht an Ihre Nachbarin.

> *Liebe Frau Abele, nächste Woche besuche ich meine Eltern in Bulgarien. ...*

AUF EINE BITTE REAGIEREN: Natürlich.

Nein, gar nicht. Kommen Sie doch rein. | Da haben Sie recht.
Natürlich./Gern. | Was ist (denn) los? | (Das ist doch) Kein Problem.
Das mache ich gern./sofort. | Da sprechen Sie am besten mit .../Da rufen
Sie ... an. | Leider kann ich ... nicht ..., weil ...

DANK: Vielen Dank für Ihre Hilfe.

Danke für Ihr Verständnis. | Das wäre wirklich nett.
Vielen Dank für Ihre Mithilfe./Hilfe. | Wir hoffen auf Ihr Verständnis.
Ich hoffe, das ist in Ordnung für Sie.

SICH ENTSCHULDIGEN: Oh, Entschuldigung.

Oh, Entschuldigung. Das war keine Absicht.
Oh, tut mir leid. Das habe ich nicht gewusst.
Tut mir leid. Das geht nicht, weil ...

GRUSSFORMELN IM BRIEF: Liebe Frau ...

Hallo Herr/Frau .../Liebe/r Herr/Frau ...
Sehr geehrte Damen und Herren .../Sehr geehrte Frau .../
Sehr geehrter Herr ...
Vielen Dank und herzliche Grüße
Viele Grüße
Mit freundlichen Grüßen

Oh, Entschuldigung.
Das war keine Absicht.

Sie möchten noch mehr üben?

1 | 42–44
AUDIO-TRAINING

VIDEO-TRAINING

Lernziele

Ich kann jetzt ...

A ... sagen: Hier steht/liegt/...: *Der Schlüssel steckt im Schloss.* _____ ☺ ☺ ☹
B ... sagen: Hierhin stelle/lege/... ich: *Hängen Sie ein Schild an die Tür.* __ ☺ ☺ ☹
C ... Richtungen nennen: *Stellen Sie die Leiter dahin. /*
    Fallen Sie nicht runter. _____ ☺ ☺ ☹
D ... Mitteilungen in Mietshäusern verstehen: *Sehr geehrte Haus-*
    bewohner, bitte trennen Sie den Müll sorgfältig. _____ ☺ ☺ ☹
E ... Nachbarn um etwas bitten:
    Könnten Sie die Firma bitte in meine Wohnung lassen? _____ ☺ ☺ ☹

Ich kenne jetzt ...

... 5 Wörter zum Thema *Wohnung*:
die Wand, ...
_____
_____

... 5 Wörter zum Thema *Mietshaus*:
der Hausbewohner, ...
_____
_____

SPIEL

Kennen Sie schon SHLS?
Das Stellen-Hängen-Legen-Stecken-Spiel

Sehen Sie mal: Mit einem Bild kann man alles Mögliche machen.

Man kann das Bild auf den Tisch stellen. Dann _steht_ es auf dem Tisch.

Man kann es auch auf den Tisch legen. Dann _____ es auf dem Tisch.

Man kann es an die Wand hängen. Dann _____ es an der Wand.

Oder man kann es in die Tasche stecken. Dann _____ es in der Tasche.

Geht das mit anderen Sachen genauso? Mit einem Blatt Papier oder einem Schlüssel? Einem Radiergummi oder einem Kugelschreiber? Einem Becher oder einer Brille? Versuchen Sie es! Stellen Sie doch mal einen Schlüssel auf den Boden. Oder hängen Sie einen Kugelschreiber an einen Stuhl. Oder stecken Sie ein Blatt Papier in einen Schuh. Oder ... Sie haben sicher schon hundert neue Ideen, oder? Dann mal los!

1 Lesen Sie den Text ergänzen Sie in der richtigen Form.

2 Was kann man alles *stellen, legen, hängen, stecken*? Finden Sie ein Beispiel und zeigen Sie es den anderen Kursteilnehmern.

> Ich habe ein Blatt Papier in den Schuh gesteckt. Seht ihr? Das Papier steckt im Schuh.

HÖREN

Gestern im Treppenhaus

1 ◀)) 45 – 47 **1** Im Treppenhaus

a Hören Sie drei Gespräche und ordnen Sie zu.

Gespräch	Bild
A	
B	
C	

b Hören Sie noch einmal und verbinden Sie.

	ist der Hausmeister.
Frau Knesebeck ———	ist gegen Kinderwagen im Flur.
Herr Bogdanović	hilft Frau Müller und trägt den Kinderwagen hoch.
Frau Müller	holt den Hausmeister.
Herr Winter	kann den Kinderwagen nicht allein hochtragen.
	will mit der Hausverwaltung sprechen.

2 Geben Sie Sympathie-Noten von 1 (sehr sympathisch) bis 6 (sehr unsympathisch)
und sprechen Sie im Kurs.

Frau Knesebeck: ....   Frau Müller: ....

Herr Bogdanović: ....   Herr Winter: ....

> *Frau Knesebeck habe ich eine 5 gegeben.*
> *Ich finde, sie ist nicht sehr nett. …*

COMIC

Der kleine Mann: Wo ist hier das Bad?

Lesen Sie den Comic und zeichnen Sie im Bild den Weg: So geht der kleine Mann.
Vergleichen Sie dann mit Ihrer Partnerin / Ihrem Partner.

> *Er geht hier rein. Dann …*

Essen und Trinken

Folge 3: Eine Hand wäscht die andere.

1 Sehen Sie die Fotos an.

a Was meinen Sie? Was ist richtig? Kreuzen Sie an.

   1 Tim ○ lernt die Nachbarsfamilie kennen. ○ kennt die Nachbarsfamilie schon.
   2 ○ Tim lädt seine Nachbarn ○ Tims Nachbarn laden ihn zum Essen ein.

1 ◀) 48 b Hören Sie und vergleichen Sie.

1 ◀) 48 **2 Wer wohnt wo?**
        Hören Sie noch einmal und
        ordnen Sie zu.

Tim

        Familie Kaiopoulos ~~Tim~~ Betty und Paul Frau Sicinski

1 ◀) 48–55 **3 Was gibt es zu essen? Sehen Sie die Fotos an. Hören Sie dann und verbinden Sie.**

      a Zuerst   gibt es Joghurt mit Honig und Nüssen .
      b Als Nachspeise   trinken Dimi, Eva und Tim noch einen Espresso.
      c Zum Schluss   gibt es Moussaka, einen griechischen Auflauf, mit und ohne Fleisch.

Tims Film

1 ◀)) 48–55 **4 Hören Sie noch einmal und ergänzen Sie.**

    a Wer hat das Abendessen gekocht?   ....

    b Wer isst kein Fleisch?   ....

    c Wer darf keine Nachspeise essen?   ....

    d Wer hat Probleme in der Schule?   *Niki*

    e Was möchte Tim lernen?   ....

    f Was soll Niki von Tim lernen?   ....

5 „Eine Hand wäscht die andere." Was bedeutet das? Kreuzen Sie an.

    ○ Tim hilft Niki. Dimi hilft Tim.   ○ Tim hilft Niki und Dimi.

6 Können Sie kochen? Erzählen Sie.

> *Ich kann gut kochen, denke ich.*
> *Mein Lieblingsrezept ist ...*

> *Ich kann nicht kochen.*
> *Und ich möchte nicht kochen lernen.*
> *Ich habe zu wenig Zeit.*

A Ich esse **nie** Fleisch.

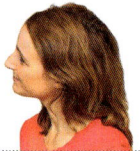

A1 Wie oft ...?

1 ◀)) 56–59 **a** Wie oft essen die Personen Fleisch? Hören Sie und kreuzen Sie an.

		100%					0%
		immer	meistens	oft	manchmal	selten	nie
1	Eva	○	○	○	○	○	⊗
2	Dimi	○	○	○	○	○	○
3	Niki	○	○	○	○	○	○
4	Tim	○	○	○	○	○	○

Wie oft?
immer
meistens
oft
manchmal
selten
nie

b Und Sie? Wie oft essen Sie Fleisch? Sprechen Sie.

A2 Was essen und trinken Jan, Sören und Arzu? Wie oft und wann?
Machen Sie eine Tabelle und notieren Sie.

Internet-Forum

VALERIA: Man sagt: Die Deutschen essen gern Fleisch und Kartoffeln. Und sie trinken oft Bier. Aber das stimmt doch nicht, oder? Schreibt mir: Was esst und trinkt ihr so?

JAN: Ich bin viel unterwegs und habe oft keine Zeit für eine richtige Mahlzeit. Dann hole ich mir mittags oft nur schnell eine Wurst. Und ich liebe Kaffee. Morgens, mittags, abends – Kaffee kann ich immer trinken. Acht Tassen pro Tag sind es bestimmt.

SÖREN: Ich finde gesundes Essen wichtig. Zum Frühstück gibt es meistens Obst oder Joghurt. Zum Mittagessen gehe ich in die Kantine. Ich nehme fast immer das vegetarische Gericht. Am Abend esse ich oft einen Salat, manchmal Fisch mit Kartoffeln.

ARZU: Ich lebe seit 30 Jahren in Deutschland und habe viele Gewohnheiten übernommen. Zum Frühstück esse ich fast immer ein Marmeladenbrot. Deutsche Fleischgerichte esse ich auch manchmal, aber kein Schweinefleisch.

	Was?	Wie oft?	Wann?
Jan	Wurst Kaffee	oft ...	mittags

zum Frühstück/ Mittagessen/ Abendessen

fast immer (95–99%)
fast nie (1–5%)

SCHON FERTIG?
Antworten Sie Valeria.

A3 Partnerinterview: Wie oft machen Sie das?
Machen Sie Notizen und fragen Sie dann Ihre Partnerin / Ihren Partner.

Wie oft ...?	Ich	Meine Partnerin / Mein Partner
selbst kochen		dreimal pro Woche
Süßigkeiten essen		
frühstücken		
Alkohol trinken		
Freunde zum Essen einladen		
Essen im Internet bestellen (z. B. bei einem Pizzaservice)		

◆ Wie oft kochst du selbst?
○ Vielleicht dreimal pro Woche. Und du?
   ...

einmal	
zweimal	pro Tag/Woche/Monat/Jahr
dreimal	

B1 Ordnen Sie zu. Hören Sie dann und vergleichen Sie.

1 ◄) 60–63

eine   keine   ~~einen~~   welche   eins

A

◆ Ich mache uns noch schnell einen Espresso. Du möchtest doch auch _einen_ , oder?

○ Ja, Dimi. Sehr gern.

B

▲ Du, Dimi, wo sind denn die Löffel? Ich finde
_____.

◆ Moment ... In der Spülmaschine sind _____.

C

○ Oh, mein Messer ist runtergefallen. Tut mir leid.

◆ Kein Problem. Ich hole gleich noch _____.

D

◆ Wer möchte noch eine Portion?

○ Ich nehme gern noch _____.

◆ Gut. Gibst du mir deinen Teller, Tim?

	Hier ist/sind ...	Ich möchte/nehme ...
● der Espresso	(k)ein**er**	(k)ein**en**
● das Messer	(k)eins	(k)eins
● die Portion	(k)eine	(k)eine
● die Löffel	keine/welche	keine/welche

auch so: meiner, meins, meine, meine ...

B2 Arbeiten Sie zu zweit. Fragen Sie und antworten Sie.

◆ Ich brauche eine Gabel. Bringst du mir bitte eine?

○ Aber da ist doch eine.

⟳ B3 Spiel: Küchen-Quartett

● _die Kanne_
● _der Topf_
● _die Pfanne_
● _die Schüssel_

● _die Schüssel_
● _die Pfanne_
● _der Topf_
● _die Kanne_

● _die Pfanne_
● _der Topf_
● _die Kanne_
● _die Schüssel_

● _der Topf_
● _die Schüssel_
● _die Kanne_
● _die Pfanne_

a Arbeiten Sie zu dritt oder zu viert. Machen Sie 16 Quartettkarten.

● der Topf – ● die Schüssel – ● die Kanne – ● die Pfanne
● das Messer – ● die Gabel – ● der Esslöffel – ● der Teelöffel
● der Bierkrug – ● die Tasse – ● das Glas – ● der Becher
● der Herd – ● der Kühlschrank – ● die Spülmaschine – ● die Mikrowelle

b Verteilen Sie die Karten und spielen Sie.
Die Person mit den meisten Quartetten hat gewonnen.

◆ Ich brauche einen Topf. Hast du einen?

○ Ja, hier bitte. / Nein, tut mir leid, ich habe auch keinen. Ich brauche ...

C Guten Appetit!

1 ◀)) 64–66 **C1 Guten Appetit!**

Ordnen Sie zu. Hören Sie dann und vergleichen Sie.

Darf ich dir noch was geben?   Guten Appetit.   ~~Kein Problem~~   Komm bald mal wieder.
Vielen Dank für den schönen Abend.   Und danke fürs Kochen,   Mit Fleisch, bitte.

A   **bei der Ankunft**

◆ Komm rein!

○ Danke. Tut mir leid, ich habe
  gar nichts mitgebracht, Eva.

◆ _Kein Problem_ , Tim.

B   **beim Essen**

○ Hm, das riecht so lecker!

▲ Na, Tim: mit oder ohne Fleisch?

○ _____ …

▲ Also dann: _____

○ Guten Appetit!

◆ _____

  Dimi! …

▲ _____

○ Oh ja, sehr gern. Ich liebe Moussaka.

C   **beim Abschied**

○ _____

◆ Sehr gern, Tim! _____

C2 Wann sagt man das? Bei der Ankunft, beim Essen oder beim Abschied? Ergänzen Sie.

1 _beim Essen_
◆ Möchtest du noch?
○ Nein danke, ich kann nicht mehr.

2 _____
◆ Hier: Die Blumen sind für dich.
○ Oh, danke. Das ist aber nett.

3 _____
◆ Tschüs. Komm gut nach Hause.
○ Danke. Das nächste Mal kommt ihr zu mir, ja?

4 _____
◆ Was möchtest du trinken? Bier, Wasser, Wein?
○ Ein Wasser, bitte.

5 _____
◆ Soll ich die Schuhe ausziehen?
○ Lass sie ruhig an. Der Boden ist ziemlich kalt.

⇄ **C3 Eine Szene spielen**

Arbeiten Sie mit Ihrer Partnerin / Ihrem Partner und schreiben
Sie ein Gespräch wie in C1. Sprechen Sie dann.

> _Hallo, herzlich willkommen._
> _Kommt rein. …_

C4 Einladung zum Essen bei deutschen Freunden

a Lesen Sie die Fragen und notieren Sie Ihre Antworten.
Vergleichen Sie mit Ihrer Partnerin / Ihrem Partner.

1 ⊠ Wie pünktlich muss man kommen?
2 ○ Darf man seine Freunde mitbringen?
3 ○ Was soll man mitbringen?
4 ○ Wie viel kann oder muss man essen?
5 ○ Darf man schmatzen und mit vollem Mund sprechen?
6 ○ Wann kann oder soll man nach Hause gehen?

1 Ein bisschen Verspätung
ist okay.
2 Ja, aber man muss den
Gastgeber vorher fragen.
...

1 🔊 67 b Hören Sie eine Radiosendung.
Auf welche Fragen aus a bekommen Sie eine Antwort?
Kreuzen Sie in a an.

1 🔊 67 c Hören Sie noch einmal. Was ist richtig? Kreuzen Sie an.

1 ⊠ 30 Minuten Verspätung – das ist nicht sehr höflich.
2 ○ Man soll für die Gastgeber etwas mitbringen.
3 ○ Sie machen eine Diät oder dürfen etwas nicht essen.
    Informieren Sie den Gastgeber bei der Einladung.
4 ○ Ihr Gastgeber bietet noch etwas an.
    Sie sind satt, aber Sie dürfen nicht „Nein" sagen.
5 ○ Bleiben Sie nicht zu lange.
    Aber gehen Sie auch nicht sofort nach dem Essen.

d Vergleichen Sie mit Ihren Notizen aus a. Sind Sie „fit" für eine Einladung?
Was war neu für Sie? Sprechen Sie in Gruppen.

*Eine halbe Stunde Verspätung ist ein
Problem – das überrascht mich. Bei
uns ist das nicht so schlimm. Man kann
auch eine Stunde zu spät kommen.*

Das überrascht mich.
Das finde ich interessant. / seltsam.
*Bei uns ist das genauso. / anders. / nicht so schlimm. /
wichtig.*

C5 Im Kurs: Ein guter Gastgeber
Was kochen Sie gern/oft?
Was kochen Sie nicht und warum?
Erzählen Sie.

Ich koche (sehr) gern/oft Fleisch/scharf/süß/...
Besonders gern biete ich Fisch/Fleisch/... an.
Mein Lieblingsrezept ist ... Das schmeckt allen Gästen.
... koche ich nicht.
Viele mögen ... nicht. / dürfen ... nicht essen.

süß

scharf

salzig

fett

sauer

D In der Kantine

D1 Eine Firmenkantine

a Lesen Sie den Text und ordnen Sie zu.

Wo kaufen Sie Ihre Lebensmittel?   Was genau bieten Sie an?   ~~Herr Vogt, für wie viele Menschen kochen Sie jeden Tag?~~   Wie sieht denn Ihr Arbeitstag aus?   Und was mögen die Gäste besonders gern?
Was ist Ihnen beim Kochen wichtig?

Frisch und gesund!

Joachim Vogt leitet die Kantine einer großen Bank in München. Der Koch findet gesundes und frisches Essen sehr wichtig.

5 *Herr Vogt, für wie viele Menschen kochen Sie jeden Tag?*

In unserer Firma haben wir rund 500 Mitarbeiter. Sie kommen aus Deutschland und aus vielen anderen Ländern.

10 *Ist das Angebot in Ihrer Kantine auch so international wie die Mitarbeiter?*

Ja, manchmal schon. Wir kochen auch asiatische Gerichte und bieten Currys an. Gesund kochen, das ist für uns sehr wichtig.

15

Zum Frühstück gibt es bei uns unterschiedliche Arten von Müsli, Joghurt mit Früchten, Eiergerichte und Brötchen mit Wurst, Käse, Honig oder Marmelade. Zum Mittag haben wir drei Büfetts:
20 für Vorspeisen, Nachspeisen und Salat. Dazu gibt es drei Hauptgerichte: eins mit Fleisch, eins mit Fisch und ein vegetarisches.

Zum Frühstück mögen viele die frischen Säfte
25 wie den Apfel-Karotte-Ingwer-Saft. Mittags essen

viele Gäste vegetarisch. Das ist in den letzten Jahren deutlich mehr geworden. Oft nehmen fast 50 Prozent das Gemüsegericht.

30 Auf dem Markt. Das mache ich selbst. Ich schaue dort: Was ist frisch? Was ist im Angebot? Außerdem kaufe ich viele regionale Produkte aus der Umgebung,
35 also ganz aus der Nähe.

Ich nehme nur frisches Obst und Gemüse und frische Salate. Außerdem sind unsere Fleischgerichte meistens mit Geflügel, weil viele Mit-
40 arbeiter ja kein Schweinefleisch essen. Ganz selten gibt es aber auch mal Steak.

Frisch einkaufen und kochen – das machen nicht viele Großküchen.

Ja, das stimmt. Andere Kantinen bekommen das
45 Essen aus Fabriken. Aber ich arbeite hier nur mit frischen Lebensmitteln. Das finde ich toll.

Er beginnt früh um 6 Uhr auf dem Markt. Gegen 9 Uhr bin ich in der Kantine und koche mit
50 meinen sechs Mitarbeitern das Mittagessen. Am Nachmittag mache ich die Büroarbeit und plane die Gerichte für die nächsten Tage. Um 15 Uhr gehe ich meistens nach Hause.

b Lesen Sie den Text noch einmal bis Zeile 28 und ergänzen Sie.

1 Herr Vogt kocht täglich für circa _____ Personen.

2 Er kocht sehr gern _*gesund*_ .

3 Mittags gibt es drei Büfetts: mit Vorspeisen, _____
und _____ und drei verschiedene Hauptgerichte.

4 Viele Mitarbeiter nehmen das _____ gericht.

c Lesen Sie den Text bis zum Ende und korrigieren Sie.

1 Herr Vogt kauft die Lebensmittel ~~im Supermarkt.~~   *auf dem Markt.*

2 Viele Mitarbeiter essen kein Geflügel. _____

3 Herr Vogt kocht das Mittagessen um sechs Uhr. _____

4 Am Nachmittag kocht er die Gerichte für die nächsten Tage. _____

> **SCHON FERTIG?** Wo und was essen Sie bei der Arbeit? Notieren Sie.

E1 Was darf ich Ihnen bringen?

1 ◄)) 68–71

a Welches Gespräch passt? Hören Sie und ordnen Sie zu.

Gespräch

1 Der Gast sucht einen Sitzplatz. ◯
2 Der Gast möchte bestellen. Ⓐ
3 Der Gast ist mit dem Essen nicht zufrieden. ◯
4 Die Gäste möchten bezahlen. ◯

b Ordnen Sie die Gespräche. Hören Sie dann noch einmal und vergleichen Sie.

A
◯ Ich nehme das Schnitzel mit Pommes und Salat.
◯ Ja, gern. Und zu trinken?
① Was darf ich Ihnen bringen?
◯ Ein Mineralwasser, bitte.

B
◯ Oh, das tut mir leid. Ich bringe Ihnen sofort eine neue.
◯ Danke. Sehr nett.
◯ Entschuldigung, aber die Suppe ist leider viel zu salzig.

C
◯ Hallo! Zahlen, bitte.
◯ Zusammen, bitte.
◯ Zusammen oder getrennt?
◯ Ein Eiskaffee, ein Stück Kuchen und ein Tee mit Zitrone: Das macht 7,50 Euro, bitte.
◯ Hier, bitte. Stimmt so.

D
◯ Aber sicher. Nehmen Sie doch Platz.
◯ Vielen Dank.
◯ Entschuldigung, ist der Platz noch frei?

E2 Machen Sie eine Tabelle und ordnen Sie zu.

~~Zahlen, bitte.~~   Das Messer ist nicht sauber.   Oh, das tut mir leid. Ich bringe sofort ein anderes.   Stimmt so.
Die Rechnung, bitte.   Kann ich bitte die Karte haben?   Ist hier noch frei?   Kann ich bitte bestellen?
Ich nehme/möchte den Rinderbraten.   Entschuldigung, ich warte jetzt schon 40 Minuten auf das Essen.
Ich möchte bitte bezahlen.   Nein, tut mir leid. Der Platz ist besetzt.   Zusammen oder getrennt?
Natürlich. Nehmen Sie doch Platz.   Das macht 19,20 Euro.   Zusammen.   Was darf ich Ihnen bringen?
Getrennt, bitte.   (Machen Sie) 20, bitte.

einen Sitzplatz suchen	bestellen	reklamieren	bezahlen
			Zahlen, bitte.

E3 Wählen Sie eine Situation und spielen Sie im Kurs. Verwenden Sie die Sätze aus E2.

reklamieren – Gast
Sie haben ... bestellt, aber ... bekommen.

reklamieren – Kellner
Es tut Ihnen leid.
Sie bringen sofort ...

bezahlen – Gast
Sie haben ... gegessen.
Geben Sie Trinkgeld.

bezahlen – Kellner
Das Gericht kostet ...

bestellen – Gast
Sie möchten ein Schnitzel.

bestellen – Kellner
Schnitzel gibt es nicht mehr. Es gibt noch Rinderbraten.

Grammatik und Kommunikation

Grammatik

1 Indefinitpronomen `ÜG` 3.03

	Hier ist/sind …	Ich möchte/nehme/brauche …
● der Espresso	(k)ein**er**	(k)ein**en**
● das Messer	(k)ein**s**	(k)ein**s**
● die Portion	(k)ein**e**	(k)ein**e**
● die Löffel	keine/welche	keine/welche

auch so: meiner, meins, meine, meine …

d**er**/ein Espresso → ein**er**
d**en**/ein**en** Espresso → ein**en**

Kommunikation

HÄUFIGKEIT: Wie oft …?

Wie oft kochst du / kochen Sie selbst?
Immer. / Meistens. / Oft. / Manchmal. / Selten. / Nie.
Einmal/Zweimal/Dreimal/… pro Tag/Woche/Monat/Jahr.
Zum Frühstück/Mittagessen/Abendessen gibt es oft/meistens …
Fast immer. / Fast nie.

PRIVATE EINLADUNG ZUM ESSEN: Guten Appetit.

bei der Ankunft

Hier: Die Blumen sind für dich. / für Sie.	*Oh, danke. Das ist aber nett.*
Tut mir leid, ich habe gar nichts mitgebracht.	*Kein Problem.*
Soll ich die Schuhe ausziehen?	*Ja, bitte. / Lass sie / Lassen Sie sie ruhig an.*

beim Essen

	Das riecht so lecker.
Was möchtest du / möchten Sie trinken?	*Ein Wasser, bitte.*
Guten Appetit.	*Danke fürs Kochen.*
Möchtest du / Möchten Sie noch? / Darf ich dir/Ihnen noch etwas geben?	*Ja, (sehr) gern. / Nein, danke. Ich kann nicht mehr.*

beim Abschied

Vielen Dank für den schönen Abend.	*Komm / Kommt / Kommen Sie bald mal wieder.*
	Komm / Kommt / Kommen Sie gut nach Hause.
Das nächste Mal kommst du / kommt ihr / kommen Sie zu mir, ja?	

Antworten Sie.
Wie oft machen Sie Sport?

Wie oft lesen Sie Ihre E-Mails?

Wie oft sehen Sie auf Ihr Handy?

Wie oft essen Sie Süßigkeiten?

Was darf/soll man bei einer Einladung in Deutschland? Was darf man nicht? Kreuzen Sie an.

	☺	😖
zu spät kommen	○	○
etwas mitbringen	○	○
sagen: „Das darf ich nicht essen."	○	○
sagen: „Ich bin satt."	○	○
sofort nach dem Essen gehen	○	○

IM RESTAURANT: Ist hier noch frei?

einen Sitzplatz suchen

Entschuldigung, ist der Platz
noch frei? / Ist hier noch frei?

Aber sicher. Setzen Sie sich doch. /
Natürlich. Nehmen Sie doch Platz. /
Nein, tut mir leid. Der Platz ist besetzt.

Danke, sehr nett.

bestellen

Was darf ich Ihnen bringen?

Kann ich bitte die Karte haben? /
Kann ich bitte bestellen?
Ich nehme / möchte …

reklamieren

Entschuldigung, aber die Suppe
ist leider viel zu salzig.
Das Messer ist nicht sauber.
Entschuldigung, ich warte jetzt
schon 40 Minuten auf das Essen.

Oh, das tut mir leid.
Ich bringe sofort eine neue /
ein anderes.

bezahlen

Zahlen, bitte. / Die Rechnung, bitte.
Ich möchte bitte bezahlen.

Zusammen oder getrennt?

Zusammen, bitte. / Getrennt, bitte.

Das macht … Euro.

Hier bitte. Stimmt so.
(Machen Sie) 20, bitte.

VERGLEICH MIT DEM EIGENEN LAND: Das überrascht mich.

Das überrascht mich. | Das finde ich interessant. / seltsam.

Bei uns ist das genauso. / anders. / nicht so schlimm. / wichtig.

ÜBER KOCHGEWOHNHEITEN REDEN: Ich koche gern Fleisch.

Ich koche (sehr) gern Fleisch / scharf / süß / …

Besonders gern biete ich Fisch / Fleisch / … an.

Mein Lieblingsrezept ist … Das schmeckt allen Gästen.

… koche ich nicht.

Viele mögen … nicht / dürfen … nicht essen.

Der Kaffee ist ja kalt!

Ah, danke für die Information.
Eiskaffee kostet nämlich
einen Euro mehr.

Sie möchten noch mehr üben?

 1 | 72–74 AUDIO-TRAINING

VIDEO-TRAINING

Lernziele

Ich kann jetzt …

A … sagen: So oft mache ich etwas: *Ich esse nie Fleisch.* _____ ☺ ☻ ☹
B … über Gegenstände sprechen: *Ich brauche einen Löffel. – Da ist einer.* ☺ ☻ ☹
C … Gespräche bei einer Einladung führen: *Die Blumen sind für dich.* ___ ☺ ☻ ☹
 … eine Radiosendung zum Thema „Einladung" verstehen: *Sie*
 hören jetzt unsere Sendung mit dem Thema: Bei Freunden zu Gast. _ ☺ ☻ ☹
D … ein einfaches Interview verstehen:
 Herr Vogt, für wie viele Menschen kochen Sie jeden Tag? _____ ☺ ☻ ☹
E … Essen / Getränke bestellen, bezahlen, etwas reklamieren und einen
 Sitzplatz suchen: *Kann ich bitte bestellen?* _____ ☺ ☻ ☹

Ich kenne jetzt …

… 5 Wörter zum Thema *Geschirr*:

der Teller, …

… 5 Wörter zum Thema
Essen und Mahlzeiten:

das Gericht, …

GEDICHT

>> Was für ein Fest!

GASTGEBERIN

GAST

» 1 «

Möchtest du ein Schnitzel?

Oh ja, das wäre fein.

Möchtest du noch Pommes?

Da sage ich nicht nein.

Darf ich dir vielleicht noch
einen Hamburger geben?

Oh ja, sehr gern. Hach, ist DAS ein Leben!

» 2 «

Und? Schmeckt dir die Suppe?

Ja, sie ist ein Gedicht!*

Wie findest du das Hähnchen?

Das ist mein Lieblingsgericht.

Möchtest du noch Bohnen?
Dann hol ich welche her.

Sehr lieb, vielen Dank.
Aber ich kann nicht mehr.

» 3 «

Na, wie schmeckt der Eiskaffee?

Hhmm, er ist sehr lecker.

Wie findest du das Teegebäck?

Es schmeckt wie frisch vom Bäcker.

Und bei dir, mein Lieber, ist bei dir alles klar?

Du, es hat super geschmeckt.
Es war wunderbar.

* „Das ist ein Gedicht!": Deutsche Redewendung für „Das ist ganz besonders gut." (Fast immer für Essen und Trinken).
Hier bedeutet der Satz also: „Diese Suppe schmeckt ganz besonders lecker."

1 Hören Sie das Gedicht und lesen Sie mit.

2 Bilden Sie zwei Gruppen im Kurs: Gastgeber und Gäste. Hören Sie das Gedicht
noch einmal und sprechen Sie Ihre Rolle mit. Tauschen Sie dann die Rollen.

LESEN

Mustafas Gemüse Kebap

Trixie Ehlers
mein Berlin

Heute: Mein Lieblingsimbiss

So heißt mein Lieblingsimbiss in Berlin.
Bei Mustafa gibt es Gemüsekebap, Dürüm
mit oder ohne Fleisch, Pommes, Salat und …
hmmm … Hähnchendöner mit Gemüse!
5 Ich habe noch nirgendwo einen besseren
bekommen. Er schmeckt einfach frisch
und lecker. Leider finden das viele andere
Leute auch. Deshalb sieht es bei Mustafa
ziemlich oft so aus wie auf dem Foto. Wer
10 es eilig hat, sollte lieber woanders essen.
Tja, Mustafas Döner sind eben wirklich beliebt. Es kann schon mal eine Stunde dauern.
Aber dann hat man endlich einen und … hmmm! Na, möchten Sie jetzt auch einen?
Sie bekommen ihn im Stadtteil Kreuzberg, am Mehringdamm 32, nur ein paar Schritte
von der U-Bahn-Station Mehringdamm (U6, U7) entfernt. Mustafas Gemüse Kebap hat
15 jeden Tag ab 10:30 Uhr geöffnet. Ach ja, noch was: Auch Mustafas Internetseite ist super:
http://mustafas.de. Sie ist bunt, laut und lustig.

Lesen Sie den Text. Was ist richtig? Kreuzen Sie an. Korrigieren Sie dann die falschen Sätze.

a ☒ Bei Mustafa kann man sehr gute Döner essen.
b ○ Man bekommt sein Essen immer sehr schnell. *Man muss oft lange warten.*
c ○ Mit der U3 kann man zum Mehringdamm fahren.
d ○ Am Wochenende hat Mustafa geschlossen.
e ○ Mustafas Internetseite ist interessant und gut gemacht.

PROJEKT

Mein Lieblingsimbiss

Sicher essen Sie auch gern mal etwas zwischendurch. Vielleicht nur einen
Apfel oder ein Stück Schokolade? Oder gehen Sie zu einer Imbissbude?
Ja? Na wunderbar! In diesem Projekt können Sie Ihren Lieblingsimbiss
vorstellen. Wie heißt er? Wo ist er? Wann hat er geöffnet? Was gibt es
dort zu essen und zu trinken? Und was ist Ihr Lieblingsessen dort?

1 Lesen Sie den Text. Machen Sie dann Notizen zu
Ihrem Lieblingsimbiss. Machen Sie auch Fotos
von dem Imbiss und Ihrem Lieblingsessen dort.

2 Arbeiten Sie in Gruppen. Erzählen Sie von Ihrem
Lieblingsimbiss und zeigen Sie Ihre Fotos.

Ich liebe Jannipas Frühlingsrollen. Die sind so lecker! Aber es gibt auch viele Reis- und Nudelgerichte. Sie schmecken alle sehr gut.

Mein Lieblingsimbiss heißt „Jannipas Asien-Markt".

Arbeitswelt

Folge 4: Glück muss der Mensch haben!

1 Zimmerreservierung: Ordnen Sie.

○ Bei der Ankunft zeigt man die Reservierungsbestätigung an der Rezeption.
○ Bei der Abreise gibt man den Zimmerschlüssel an der Rezeption ab und bezahlt die Rechnung.
○ Das Hotel notiert die Reservierung und schickt eine Reservierungsbestätigung.
① Zuerst reserviert man per Telefon, E-Mail oder online ein Zimmer.

2 Tim bei der Arbeit

a Sehen Sie die Fotos an. Was meinen Sie?
Wer ist wer? Ordnen Sie die Namen zu.

Sandra   Frau Bronkhorst   Herr Krassnick   Karla

1 _____
ist die Chefin von Tim.

2 _____ ist eine Kollegin von Tim.

3 _____ muss früher abreisen und kann nicht bleiben.

4 _____ ist ein schwieriger Gast und braucht ein Hotelzimmer.

2 ◀)) 1–8   **b** Hören Sie und vergleichen Sie.

Tims Film

2 🔊 1–8   **3 Was ist richtig? Hören Sie noch einmal und kreuzen Sie an.**

Karla hat eine Besprechung.
Sandra und Tim sollen sie ⊠ nur im Notfall ○ nicht anrufen.
Herr Krassnick möchte die Chefin sprechen, weil er ○ ein ○ kein Zimmer
bekommen kann.

Aber Tim merkt: Das ist ein Test. Herr Krassnick ist kein Gast.
Er hat nämlich ○ viel ○ kein Gepäck dabei.
Er war noch nie im Hotel, aber er weiß: Tim hat ○ eine Chefin. ○ einen Chef.
Tim gibt dann Herrn Krassnick das Zimmer von Frau Bronkhorst.

Herr Krassnick erzählt Karla: Tim war freundlich und klug. Er hat alles richtig gemacht.
Er soll im nächsten Jahr der Chef ○ von der Rezeption ○ vom Hotel werden.

A **Wenn** Sie einen Fehler gemacht haben, **dann** ...

A1 An der Rezeption

a Wer sagt was? Kreuzen Sie an.

Tim   Herr
             Krassnick

1 <mark>Wenn</mark> Sie online <mark>reserviert haben</mark>, dann haben Sie
sicher eine Reservierungsbestätigung bekommen. ☒   ○

2 Ich kann Ihnen kein Zimmer geben, wenn Sie keine
Bestätigung haben. ○   ○

3 Wenn Sie einen Fehler gemacht haben, dann
geben Sie mir jetzt ein anderes Zimmer. ○   ○

4 Sie finden natürlich nichts, wenn Sie meinen Namen
falsch schreiben. ○   ○

b Markieren Sie in a wie im Beispiel
und ergänzen Sie die Tabelle.

> _Wenn_ Sie _____ ,
> (dann) haben Sie sicher eine Bestätigung bekommen.
>
> Ich kann Ihnen kein Zimmer geben, _____ Sie
> keine Bestätigung _____ .

A2 Der erste Arbeitstag

Was passt? Spielen Sie Gespräche mit Ihrer Partnerin / Ihrem Partner.

Schalte bitte zuerst den Computer an, wenn du morgens kommst.

Wenn du Fragen hast, dann kannst du immer zu mir kommen.

Ja, in Ordnung.

Ja, klar.

Wenn ...	(dann) ...
morgens kommen	bitte zuerst den Computer anschalten
Fragen haben	immer zu mir kommen können
Hilfe brauchen	mich fragen können
Büromaterial brauchen / krank sein	bitte die Sekretärin anrufen
zum Arzt gehen müssen	das nicht in der Arbeitszeit machen
abends nach Hause gehen	die Rezeption aufräumen / bitte den Computer ausschalten / bitte die Fenster schließen

A3 Kettenspiel: Arbeiten Sie in Gruppen und schreiben Sie Kettensätze. Wie viele Sätze finden Sie in fünf Minuten?

SCHON FERTIG? Was müssen neue Kursteilnehmer wissen? Schreiben Sie Sätze wie in A2.

> Wenn ich den Wecker nicht höre, dann
> komme ich zu spät zur Arbeit.
> Wenn ich zu spät zur Arbeit komme, ...

B1 Wer sagt was?

a Ordnen Sie zu.

A

B

Ⓑ Sie **sollten** nicht unhöflich werden!

◯ Jetzt sollten wir aber Karla holen.

◯ Du solltest Detektiv werden.

ich	sollte	
du		
er/sie	sollte	Detektiv
wir		werden.
ihr	solltet	
sie/Sie	*sollten*	

Du solltest Detektiv werden.

b Markieren Sie in a wie im Beispiel und ergänzen Sie dann die Tabelle.

B2 Jobsuche: Geben Sie Ratschläge.

Tipps für die Jobsuche

Lesen Sie regelmäßig Stellenanzeigen in Zeitungen und im Internet (zum Beispiel unter www.arbeitsagentur.de).

Achten Sie auf Zettel und Aushänge in Kaufhäusern und Supermärkten.

Fragen Sie Freunde, Bekannte und Nachbarn.

Nutzen Sie Plattformen, Foren und Portale im Internet.

Machen Sie einen Termin mit dem BIZ (Berufs-informationszentrum) in der Agentur für Arbeit oder mit einem Berufsberater.

Rufen Sie bei Zeitarbeitsfirmen an.

Wenn du eine Arbeit suchst, solltest du regelmäßig Stellenanzeigen in Zeitungen und im Internet lesen.

Du solltest auf Zettel ...

SCHON FERTIG? Finden Sie weitere Tipps.

B3 Unsere Tipps

a Arbeiten Sie in Gruppen. Wählen Sie ein Thema und machen Sie ein Plakat mit Tipps. Sie können auch im Internet nach Tipps suchen.

1 Tipps für den ersten Arbeitstag
2 Tipps für ein Praktikum
3 Tipps für Auszubildende

b Präsentieren Sie Ihr Plakat im Kurs.

Ihr solltet fragen, wenn ...

 Unsere Tipps für den ersten Arbeitstag

- Fragen Sie, wenn Sie etwas nicht verstehen.
- Schalten Sie Ihr Handy aus.
...

C Mitteilungen am Arbeitsplatz

C1 Lesen Sie die Texte und ordnen Sie die Themen zu.

a ⑤ Gewerkschaft – für mehr Sicherheit und Schutz
b ◯ Neue Öffnungszeiten
c ◯ Einladung zu meiner Abschiedsfeier

d ◯ Einladung zur Betriebsversammlung
e ◯ Anmeldefrist
f ◯ Zu Ihrer Sicherheit

1

> E-Mail senden
>
> Liebe Kolleginnen und Kollegen,
> in der Weiterbildung „Wie spreche ich mit
> schwierigen Kunden?" sind noch Plätze frei.
> Wenn Sie Interesse haben, dann melden Sie
> sich bitte bis zum 31. Oktober bei mir im
> Sekretariat an.
> Mit freundlichen Grüßen
> Anke Neufeld

2

> E-Mail senden
>
> Liebe Kolleginnen und Kollegen,
> nun arbeite ich schon über 40 Jahre in unserer
> Firma. Aber jetzt bin ich 65 und gehe in Rente.
> Aus diesem Anlass möchte ich gern am 24.06.
> ab 16 Uhr in der Kantine mit Ihnen/Euch feiern
> und auf mein Leben als Rentner anstoßen.
> Ich freue mich auf Ihr/Euer Kommen!
> Viele Grüße Walter Sauter

3

> Liebe Kolleginnen und Kollegen,
> die Kantine ist ab April länger für Sie da:
> Mo–Do   11.30–14.30 Uhr und
> Fr   12.00–14.00 Uhr.
> Wenn Sie Veranstaltungen oder Feiern in
> der Kantine planen, dann wenden Sie sich
> bitte an unsere Küchenchefin Abida Demir.

4

> E-Mail senden
>
> Die Betriebsversammlung findet
> am 15. März um 10:00 Uhr in
> der Kantine statt.
> Der Betriebsrat berichtet zum
> Thema: unsere Arbeitszeiten.
> Herzliche Grüße Ihr Betriebsrat

5

> **GEWERKSCHAFT**
>
> **Werden Sie Mitglied bei der Gewerkschaft!**
> Es gibt gute Gründe. Wir beraten Sie
> bei allen Fragen zum Tarifrecht und bei
> Kündigungen und Entlassungen.

6

> Zur Erinnerung:
> Bitte beachten Sie die
> **Sicherheitsvorschriften!**
> Betreten Sie die Werkstatt
> nie ohne Gehörschutz!

C2 Lesen Sie noch einmal und korrigieren Sie.

1 Man kann sich ~~nicht mehr~~ für die Weiterbildung anmelden.   *noch*

2 Herr Sauter feiert seinen Abschied und lädt alle Kunden ein. _____

3 Die Kantine hat im April neue Öffnungszeiten. _____

4 Auf der Betriebsversammlung informiert der Betriebsrat über die Kantine. _____

5 Die Gewerkschaft entlässt die Mitarbeiter. _____

6 Die Mitarbeiter sollen ~~ihren Kopf~~ schützen.   *ihre Ohren*

> **SCHON FERTIG?** Bedanken Sie
> sich bei Herrn Sauter. Sie
> kommen gern. Schreiben Sie.

2 ◀⑼ 9–11 **D1 Welcher Text aus C1 passt?**

Hören Sie drei Telefongespräche und ordnen Sie zu.

Gespräch	A	B	C
Text			

2 ◀⑼ 9–11 **D2 Ordnen Sie die Telefongespräche.**

Hören Sie dann noch einmal und vergleichen Sie.

A

○ Tut mir leid, der ist gerade nicht am Platz. Kann ich ihm etwas ausrichten?

① Exportabteilung, Weigand, guten Tag.

○ Guten Tag, hier ist Al-Sayed. Können Sie mich bitte mit Herrn Sauter verbinden?

○ Ja, gut. Dann auf Wiederhören.

○ Nein, danke, nichts. Es geht um seinen Abschied. Ich bin im Juni leider im Urlaub. Aber das möchte ich ihm selbst sagen. Ich versuche es später noch einmal.

B

○ Tut mir leid, sie ist noch nicht da. Soll sie zurückrufen, wenn sie kommt?

○ Guten Tag, hier ist Amelie Stein. Ist Frau Neufeld schon im Haus?

○ Gut. Auf Wiederhören.

○ Nein, danke. Ich habe noch eine Frage zu dem Seminar. Ich rufe später noch einmal an.

C

○ Ja, gut. Dann geben Sie mir doch bitte die Durchwahl von der Kantine.

○ Hallo, Richter hier. Können Sie mich bitte zu Frau Demir durchstellen?

○ Nein, da ist im Moment niemand da. Die haben schon Feierabend. Können Sie vielleicht morgen früh noch einmal anrufen?

○ Die ist leider nicht mehr im Haus.

○ Ist denn sonst jemand aus der Kantine da? Es geht um eine Veranstaltung.

○ Vielen Dank. Auf Wiederhören.

○ Ja, gern, das ist die 265.

> etwas ↔ nichts
> schon ↔ noch nicht
> jemand ↔ niemand

🔁 **D3 Rollenspiel**

📱 **a** Wählen Sie mit Ihrer Partnerin / Ihrem Partner eine Situation. Was wollen Sie sagen? Verwenden Sie passende Sätze aus D2.

Anrufer/in
Sie wollen Frau … sprechen.
Sie rufen später noch einmal an.

Firma
Frau … ist nicht da.

Anrufer/in
Sie möchten Herrn … aus der Export-Import-Abteilung oder sonst jemanden aus der Abteilung sprechen.

Firma
Herr … ist nicht da.
Es ist niemand sonst da. – bitte später anrufen
etwas ausrichten?

Anrufer/in
bitte mit Frau … verbinden
Durchwahl geben

b Spielen Sie die Telefongespräche.

Firma
Frau … ist außer Haus.
Durchwahl: 253

E Arbeit und Freizeit

E1 Arbeitszeit und Freizeit

a Was meinen Sie? Was ist richtig? Kreuzen Sie an und sprechen Sie im Kurs.

1 Wie viele Stunden pro Woche arbeiten die
deutschen Arbeitnehmer durchschnittlich?
○ 34 Stunden ○ 41,5 Stunden ○ 43 Stunden

2 Wie viele Urlaubstage haben deutsche
Arbeitnehmer durchschnittlich?
○ 14 Tage ○ 21 Tage ○ 30 Tage

3 Wie viele Feiertage gibt es durchschnittlich
in Deutschland?
○ 5–7 Tage ○ 9–12 Tage ○ 14–17 Tage

> Vielleicht/Wahrscheinlich arbeiten die Deutschen
> durchschnittlich ...
> Ich glaube, die Deutschen haben ...
> Ich denke, es gibt ...
> Ja, das glaube/denke ich auch.
> Nein, das glaube/denke ich nicht. Vielleicht ...
> Keine Ahnung.

b Welche deutschen Feiertage kennen Sie?
Erzählen Sie.

> Feiertage in Deutschland?
> Keine Ahnung.

> Da gibt es doch zum Beispiel
> den Nationalfeiertag. Ich glaube,
> der ist im Oktober und heißt
> „Tag der Deutschen Einheit".

E2 Arbeiten in Deutschland

a Was bedeutet das? Verbinden Sie.

1 Überstunden machen — Man arbeitet nicht, aber man bekommt Lohn.
2 der Arbeitnehmer — Das ist eine Firma / eine Person. Sie bietet Arbeit.
3 der Arbeitgeber — Im Arbeitsvertrag steht zum Beispiel: Man muss 37,5 Stunden
pro Woche arbeiten. Man arbeitet aber 40 Stunden.
4 freihaben, z.B. an — Er ist in einer Firma angestellt.
einem Feiertag

b Lesen Sie und vergleichen Sie mit Ihren Antworten in E1.

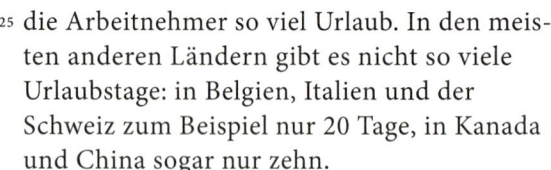

Arbeitszeit, Urlaubs- und Feiertage in Deutschland

Deutsche Arbeitnehmer
arbeiten in der Regel
38,5 Stunden pro Woche.
Die Arbeitszeit ist aber
5 nicht überall gleich. In
der Industrie muss man nur 35 Stunden pro
Woche arbeiten, in Geschäften 37,5 Stunden
und in Ämtern 40 Stunden. Das steht genau in
den Arbeitsverträgen. Aber: Viele Menschen
10 arbeiten mehr und machen Überstunden.
Wenn man auch diese mitzählt, arbeiten die
Deutschen durchschnittlich 41,5 Stunden pro
Woche. Das ist europäischer Durchschnitt.
Mehr arbeiten die Menschen in Österreich
15 und der Schweiz (43 Stunden), in Marokko
(rund 44 Stunden) und in Island mit rund
45 Stunden pro Woche.
Wenn man aber die Urlaubstage ansieht, dann
sind die Deutschen internationale Spitze:
20 Rund 30 Tage Urlaub haben viele deutsche

Arbeitnehmer pro Jahr,
also ganze sechs Wochen.
Auch in Frankreich, Finn-
land und Brasilien haben
25 die Arbeitnehmer so viel Urlaub. In den meisten anderen Ländern gibt es nicht so viele
Urlaubstage: in Belgien, Italien und der
Schweiz zum Beispiel nur 20 Tage, in Kanada
und China sogar nur zehn.

30 Zu den Urlaubstagen kommen in Deutschland noch
neun bis zwölf Feiertage.
Mehr Feiertage gibt es in
Spanien (14 Tage) und in Südkorea und
35 Slowenien (15 Tage). Am meisten Feiertage
(16) gibt es in Japan und Indien – dort haben
die Arbeitnehmer aber nicht so viel Urlaub
wie in Deutschland. Wenn man die Urlaubs-
und Feiertage zusammenzählt, haben deutsche
40 Arbeitnehmer insgesamt acht Wochen frei.

c Lesen Sie den Text auf Seite 52 noch einmal und ergänzen Sie die Länder.

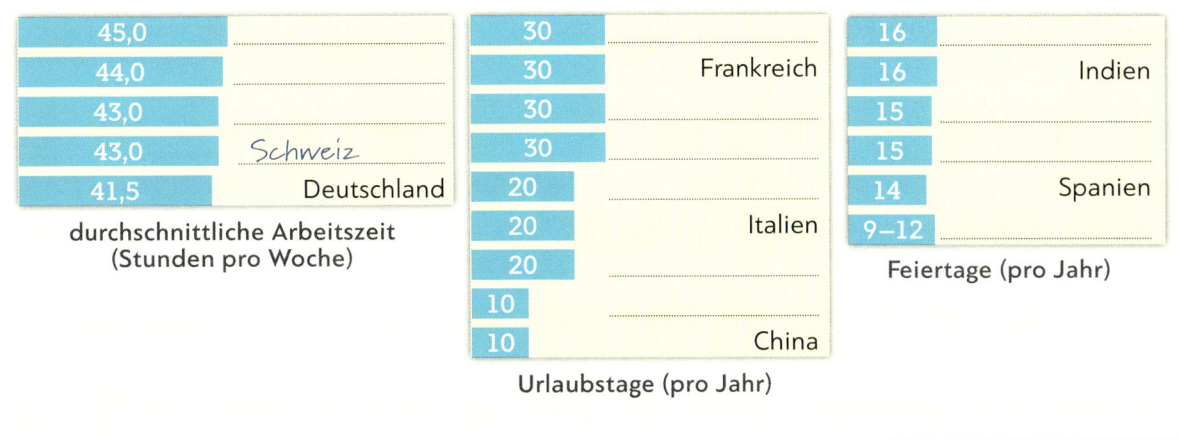

45,0	
44,0	
43,0	
43,0	*Schweiz*
41,5	Deutschland

durchschnittliche Arbeitszeit
(Stunden pro Woche)

30	
30	Frankreich
30	
30	
20	
20	Italien
20	
10	
10	China

Urlaubstage (pro Jahr)

16	
16	Indien
15	
15	
14	Spanien
9–12	

Feiertage (pro Jahr)

E3 Erzählen Sie. Recherchieren Sie auch im Internet.

Wie viele Tage Urlaub hat man
durchschnittlich in Ihrem Land?
Gibt es in Ihrem Land viele Feiertage?
Welche?

> *Bei uns in der Türkei hat man nur 14 Tage Urlaub. Nach fünf Jahren bekommt man rund 20 Tage.*

> *Bei uns in der Türkei / in … arbeitet man / hat man / gibt es …*
> *Das gilt auch / nicht für …*
> *Es gibt … in meinem Land.*
> *Bei uns / In meinem Heimatland ist das anders. / auch so.*

> *In Polen gibt es ungefähr 13 Feiertage, glaube ich. Ostersonntag, Ostermontag, den Nationalfeiertag, …*

E4 Partnerinterview: Arbeit und Freizeit

a Was meinen Sie? Machen Sie Notizen zu den Fragen.

b Fragen Sie dann Ihre Partnerin / Ihren Partner
und notieren Sie die Antworten.

	Ich	Meine Partnerin / Mein Partner
Was ist viel Arbeit? Was meinen Sie?	*50 Stunden/Woche*	*50 Stunden/Woche*
Wie viel Urlaub im Jahr braucht man mindestens?	*vier Wochen*	
Welchen Feiertag mögen Sie am liebsten?		
Was machen Sie in der Pause?		
Was machen Sie nach der Arbeit am liebsten?		

◆ Ich finde, 50 Stunden pro Woche sind viel Arbeit.
○ Ja, das finde ich auch. Und man braucht
mindestens drei Wochen Urlaub.
◆ Das sehe ich anders. Man braucht
mindestens vier Wochen Urlaub.

Grammatik und Kommunikation

Grammatik

1 Konjunktion: *wenn* `ÜG` 10.11

a Hauptsatz vor dem Nebensatz

	Konjunktion	Ende
Ich kann Ihnen kein Zimmer geben,	wenn Sie keine Bestätigung	haben.

b Nebensatz vor dem Hauptsatz

Konjunktion	Ende	⚠
Wenn Sie keine Bestätigung	haben,	(dann) kann ich Ihnen kein Zimmer geben.

2 Ratschlag: *sollen* im Konjunktiv II `ÜG` 5.12

ich	**sollte**
du	solltest
er/es/sie	**sollte**
wir	sollten
ihr	solltet
sie/Sie	sollten

Du solltest Detektiv werden.

Was machen Sie, wenn Sie freihaben? Schreiben Sie vier Sätze mit *wenn*.

Wenn ich freihabe, gehe ich oft spazieren. Ich mache ..., wenn ...

ich
er/es/sie │ sollte

Geben Sie Ratschläge.

Sie sollten früh ins Bett gehen.

Kommunikation

ETWAS VERMUTEN: Ich denke, es gibt ...

Vielleicht/Wahrscheinlich arbeiten die Deutschen durchschnittlich ...
Ich glaube, die Deutschen haben ...
Ich denke, es gibt ...
Ja, das glaube/denke ich auch./Nein, das glaube/denke ich nicht.
Vielleicht ...
Keine Ahnung.

ETWAS VERGLEICHEN: Es gibt ... in meinem Land.

Bei uns in der Türkei/in ... arbeitet man/hat man/gibt es ...
Das gilt auch/nicht für ...
Es gibt ... in meinem Land.
Bei uns/In meinem Heimatland ist das anders./auch so.
Das sehe ich anders.

AM TELEFON: Können Sie mich mit … verbinden?

Können Sie mich bitte mit Frau/ Herrn … verbinden?

Ist Frau/Herr … schon im Haus?
Können Sie mich bitte zu Frau/ Herrn … durchstellen?

Ist denn sonst jemand aus der Abteilung/Kantine da?

Tut mir leid, die/der ist gerade nicht am Platz.

… ist (noch) nicht da.
… ist leider nicht mehr im Haus.

Da ist im Moment niemand da.
Die haben schon Feierabend.
Soll sie/er zurückrufen, wenn sie/er kommt?
Kann ich ihr/ihm etwas ausrichten?
Können Sie vielleicht morgen früh noch einmal anrufen?

Ich versuche es später noch einmal.
Ich rufe später noch einmal an.
Geben Sie mir doch bitte die Durchwahl von …
Vielen Dank. Auf Wiederhören.

Ja, gern, das ist die 256.

Schreiben Sie ein Telefongespräch.

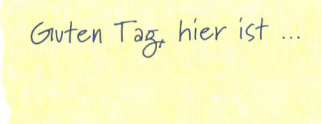

Guten Tag, hier ist …

Sie möchten noch mehr üben?

2 | 12–14
AUDIO-
TRAINING

VIDEO-
TRAINING

Lernziele

Ich kann jetzt …

A … Zusammenhänge ausdrücken:
Wenn Sie online reserviert haben, dann haben Sie sicher eine Reservierungsbestätigung bekommen. _____ ☺ ☺ ☹

B … Ratschläge geben: *Sie sollten zum Berufsberater gehen.* _____ ☺ ☺ ☹

C … Mitteilungen am Arbeitsplatz verstehen: *Werden Sie Mitglied!* _____ ☺ ☺ ☹

D … Telefongespräche führen: *Können Sie mich mit … verbinden?* _____ ☺ ☺ ☹

E … einen Sachtext verstehen: *Deutsche Arbeitnehmer arbeiten durchschnittlich 41,5 Stunden pro Woche.* _____ ☺ ☺ ☹

Ich kenne jetzt …

… 10 Wörter zum Thema Arbeit und Freizeit:
die Gewerkschaft, …

… 5 Wörter zum Thema *Hotel*:
die Reservierung, …

FILM

Die Arbeit macht ihr Spaß.

1 Gisela Specht ist Illustratorin. Was meinen Sie?
Was braucht sie alles für ihre Arbeit? Kreuzen Sie an.

○ ● die Federn

○ ● die Farben

○ ● das Telefon

○ ● die Pinsel

○ ● der Computer mit Scanner und Drucker

○ ● das Internet

○ ● die Radiergummis

○ ● der Arbeitstisch

○ ● die Bonbons

○ ● die Ruhe

○ ● das Papier

○ ● das Sonnenlicht

○ ● die Bücher

2 Sehen Sie den Film an und vergleichen Sie.

SPIEL

Beruferaten: Was bin ich von Beruf?

Wählen Sie einen Beruf und schreiben Sie ihn auf ein Kärtchen. Notieren Sie auch drei Informationen zu Ihrem Beruf. Lesen Sie im Kurs die erste Information vor. Die anderen raten. Wenn die anderen Ihren Beruf noch nicht wissen, lesen Sie die zweite Information, usw.

Altenpfleger/in Arzt/Ärztin Bäcker/in
Beamter/Beamtin Blumenhändler/in
Busfahrer/in Fotograf/in Friseur/in
Fußballprofi Journalist/in
Kaufmann/Kauffrau Kellner/in
Kindergärtner/in Koch/Köchin
Krankenpfleger/Krankenschwester
Lehrer/in Mechaniker/in
Polizist/in Sänger/in Taxifahrer/in ...

Friseur/in
1 Ihr kommt manchmal zu mir.
2 Ich arbeite oft
   mit einer Schere.
3 Ich mache eure Haare schön.

Der kleine Mann: Schluckauf

Lesen Sie den Comic. Haben Sie auch einen Tipp gegen Schluckauf? Sammeln Sie alle Tipps im Kurs.

Du solltest einen Kaugummi kauen.

Sport und Fitness

Folge 5: Übung macht den Meister!

1 Sehen Sie die Fotos an.

a Was meinen Sie?
Wer sagt das?
Kreuzen Sie an.

 Sandra  Tim  Herr Schramm

	Sandra	Tim	Herr Schramm
1 Ich bewege mich zurzeit nicht genug.	○	○	○
2 Ich bin in einem Latin-Dance-Club.	○	○	○
3 Ich interessiere mich sehr für den Tanzsport.	○	○	○
4 Wann findet denn das Basketballtraining statt?	○	○	○
5 Komm, ich zeige dir jetzt mal den Samba-Schritt.	○	○	○

2 ◀)) 15–22 **b** Hören Sie und vergleichen Sie.

2 ◀)) 15–22

2 Hören Sie noch einmal und korrigieren Sie.

Tim fühlt sich nicht so gut, weil er zu wenig ~~schläft~~. Sandra
lädt Tim in ihren Latin-Dance-Club ein, aber Tim findet:
Basketball ist kein Sport.
Das sieht seine Kollegin anders. Sie schickt Tim ein
Trainingsvideo. Tim probiert den Tanz sogar aus.
Doch er fällt dabei hin. Auf Tanzen hat Tim große Lust.
Er möchte lieber Basketball spielen und ruft bei einem
Sportverein an. Gleich am Nachmittag kann er zum
Probetraining kommen.
Am nächsten Tag erzählt Tim Sandra von dem Training und
seinen Tanzversuchen und lernt den Samba-Schritt von
Herrn und Frau Schramm.

Sport macht

Tims Film

3 „Übung macht den Meister." Mögen Sie Sport?
Welche Sportart können Sie besonders gut?

Ich mache nie Sport.
Das macht keinen Spaß!

Ich schwimme sehr gern
und kann das auch gut.

A Ich **bewege mich** zurzeit nicht genug.

2 ◀)) 23 A1 Ergänzen Sie. Hören Sie dann und vergleichen Sie.

◆ Was ist los, Tim? Du siehst müde aus.

○ Ja. Ich fühle _____ auch nicht so toll.

◆ Vielleicht bewegst du _____ zu wenig?

○ Ja, das stimmt schon. Ich bewege _mich_ zurzeit nicht genug.

ich	bewege	mich
du	bewegst	dich
er/es/sie	bewegt	sich
wir	bewegen	uns
ihr	bewegt	euch
sie/Sie	bewegen	sich

auch so: sich fühlen, ...

A2 Bewegungstipps

a Lesen Sie den Text und ordnen Sie zu.

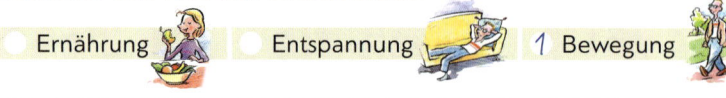

◯ Ernährung   ◯ Entspannung   1 Bewegung

SCHLUSS MIT MÜDIGKEIT: So werden Sie wieder fit!

Sie fühlen sich immer müde? Hier unsere Tipps:

1 Bewegen Sie sich regelmäßig! Schon ein kurzer Spaziergang hilft.
Tipp: Verabreden Sie sich mit Freunden.

2 Machen Sie Pausen: Ruhen Sie sich regelmäßig aus und entspannen Sie sich. Wenn
Sie schlecht einschlafen, dann legen Sie sich vor dem Schlafengehen in die Badewanne.

3 Sie sollten sich gesund ernähren. Trinken Sie viel Wasser oder Tee und essen Sie viel
Obst und Gemüse. Dann fühlen Sie sich sofort besser.

---

b Lesen Sie noch einmal. Markieren Sie in a wie im Beispiel und machen Sie eine Liste.

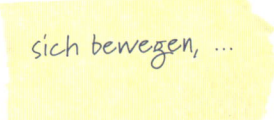

sich bewegen, ...

Sie fühlen sich müde?
Bewegen Sie sich regelmäßig!
Sie sollten sich gesund ernähren.

[**SCHON FERTIG?** Schreiben Sie
eigene Tipps gegen Müdigkeit.

A3 Spielen Sie Gespräche wie in A1.

◆ Was ist los? Du siehst müde aus.

○ Ja. Ich fühle mich auch
nicht so toll.

◆ Vielleicht ärgerst du dich zu viel.

sich zu viel ärgern   sich nicht gesund ernähren

sich zu wenig ausruhen   sich nicht genug entspannen

⇆ **A4 Pantomime: Arbeiten Sie in Gruppen. Eine Person spielt, die anderen raten.**

◆ Was mache ich?

○ Schminkst du dich?

◆ Ja, das ist richtig.

sich rasieren   sich schminken   sich umziehen
sich kämmen   sich waschen   sich beeilen
sich anziehen   sich konzentrieren   sich beschweren

B1 Und Sie? Interessieren Sie sich für …? Fragen Sie und antworten Sie.

> *Wissen Sie, ich interessiere mich sehr für den Tanzsport.*

> *Interessierst du dich für …?*
> *+ Ja, eigentlich schon. / ++ Ja, sehr.*
> *– Nein, eigentlich nicht. / – – Nein, überhaupt nicht.*

◆ Interessierst du dich für den Tanzsport?
○ Nein, überhaupt nicht.

- Modezeitschriften - Computer
- die deutsche Geschichte
- das Theater - die Sportnachrichten
- die Fußballweltmeisterschaft
- die Wettervorhersage …

sich
interessieren
für

- den Tanzsport
- das Theater
- die Fußballweltmeisterschaft
- die Sportnachrichten

B2 Lesen Sie die Nachricht.

a Markieren Sie wie im Beispiel: Was gefällt Tim gut?

> E-Mail senden
>
> Liebe Lara,
> wie geht's? Hier ist alles toll!!! Ich warte leider noch auf ein Mitarbeiterzimmer im Hotel.
> Aber über ==meine Nachbarn== kann ich mich wirklich nicht beschweren. Die sind alle sehr
> nett. Und mit meinem Job im Hotel bin ich auch sehr zufrieden.
> Manchmal ärgere ich mich über unhöfliche Gäste, aber meistens macht die Arbeit
> großen Spaß. Ich habe Dir noch gar nicht von meinem neuen Hobby erzählt: Ich spiele
> jetzt Basketball im Sportverein. Morgen treffe ich mich mit ein paar Mannschaftskollegen.
> Wir sehen uns zusammen das Basketball-Finale an. Und Du? Was machst Du so?
> Ich freue mich schon sehr auf Deinen Besuch!
> Tim

b Lesen Sie noch einmal und suchen Sie die fehlenden Wörter in a. Ergänzen Sie dann die Tabelle.

warten *auf*	- den Mann - das Kind dich		zufrieden sein _____	- dem Mann - dem Kind dir

auch so: sich beschweren *über* ,
sich freuen _____ , sich ärgern _____ , …

auch so: erzählen _____ ,
sich treffen _____ , …

⇄ **B3 Schreiben Sie Sätze. Wer findet die meisten Sätze in fünf Minuten?**

sich treffen mit   sich interessieren für
sprechen mit   telefonieren mit
sich kümmern um   träumen von
Angst haben vor   …

Ich träume oft von meinem Urlaub.
Ich habe Angst vor Hunden.

C **Darauf** habe ich keine Lust.

C1 Ordnen Sie zu.

~~Darauf~~ Worauf Auf

- ◆ Du interessierst dich nicht so für das Tanzen, oder?
- ○ Ehrlich gesagt: nein … _Darauf_ habe ich keine Lust.
- ◆ _____ hast du dann Lust?
- ○ Keine Ahnung. … _____ Sport.
- ◆ Tanzen ist Sport.

Ich habe keine Lust auf Tanzen.
Ich habe keine Lust darauf.
Worauf hast du dann Lust?

2 ◀)) 24–26 C2 Sportnachrichten

a Hören Sie die Gespräche und ordnen Sie zu.

	Tennis	Eishockey	Handball
Gespräch			1

b Ordnen Sie zu. Hören Sie dann noch einmal und vergleichen Sie.

Goldmedaille ~~Frauenhandball~~ Weltmeisterschaft Woche beginnt finde

1 ◆ Das gibt's doch nicht. Jetzt haben die verloren.
   ○ **Interessierst** du dich jetzt auch **für** _Frauenhandball_ ? **Wofür** interessierst du dich eigentlich nicht?
   ◆ Im Moment läuft doch die _____. **Dafür** interessiere ich mich schon.

2 ▲ Morgen _____ die
   Eishockey-Saison. Darauf freue ich mich schon die ganze

   _____ .

   ☐ Na, ich weiß nicht, Eishockey _____
   ich ziemlich brutal.

3 ✦ Olympische _____ für Steffi Graf?
   Daran kann ich mich gar nicht mehr erinnern.
   ● Ich schon. Das war 1988.

c Markieren Sie in b wie im Beispiel und ergänzen Sie die Tabelle.

sich interessieren für	_dafür_	_Wofür_ …?
sich freuen auf		Worauf …?
sich erinnern an		Woran …?

> **SCHON FERTIG?** Welche Wörter
> kennen Sie noch? Ergänzen
> Sie die Tabelle.

⇆ C3 Interview: Schreiben Sie fünf Fragen und notieren Sie Ihre Antworten.

Erzählen Sie dann im Kurs. Finden Sie Gemeinsamkeiten?

denken an sich freuen über sich ärgern über sich erinnern an
sprechen über Lust haben auf zufrieden sein mit …

- ◆ Ich denke gern an die Ferien.
- ○ Daran denke ich auch gern.
- ◆ Ich ärgere mich oft über
  meine Nachbarin. Worüber
  ärgerst du dich oft?
  …

	Ich	Wer noch?
1 Woran denkst du gern?	An die Ferien.	Asma
2 Worüber ärgerst	Über meine Nachbarin.	
du dich oft?		
3 …		

D1 Ordnen Sie zu.

Gymnastik   Tischtennis   Yoga   Volleyball   G Fitnesstraining   Handball   Tennis

A   B   C   D   E   F   G

2 ◀)) 27–29 **D2 Anruf beim Sportverein**

In welchem Gespräch hören Sie das? Hören Sie und ordnen Sie zu.

Die Anrufer interessieren sich für   ② Rückengymnastik. ① Fußball. ○ Tennis.
Die Trainingszeiten sind   ○ freitags. ○ mittwochs. ○ montags oder donnerstags.
Der Mitgliedsbeitrag beträgt   ○ 5 Euro ○ 6 Euro ○ 23 Euro   pro Monat.

D3 Rollenspiel: Lesen Sie die Broschüre und spielen Sie Telefongespräche.

Sie möchten Ihren elfjährigen Sohn zum Fußball anmelden.

Sie möchten gern Yoga machen.

Sie möchten gern Samba tanzen. Sie sind Anfänger.

◆ Sportverein ..., guten Tag!

○ Guten Tag! Mein Name ist ...
○ Ich interessiere mich für ... / Bieten Sie auch ... an?
○ Ich möchte mich / meine Tochter / ... gern zu / zum/zur ... anmelden.

◆ Ja, wir bieten auch ... an.
◆ Ja, dann kommen Sie doch einfach mal vorbei.

○ Wann findet das statt?

◆ Das ist immer montags / ... von ... bis ... Uhr.
◆ Es gibt verschiedene Gruppen.
◆ Bitte rufen Sie Frau/Herrn ... an. Die Telefonnummer ist ...

○ Und wie viel kostet das?
○ Gibt es eine Ermäßigung für Schüler/ Auszubildende/Studenten?

◆ Ja/Nein, für ... kostet das ... Euro pro Monat.
◆ Die erste Stunde ist kostenlos.

○ Vielen Dank für die Information.
○ Auf Wiederhören.

MITGLIEDSBEITRAG	Erwachsene:	11 Euro pro Monat, Azubis/Studenten: 6 Euro pro Monat
	Kinder:	5 Euro pro Monat, erste Stunde: kostenlos
ABTEILUNGEN	Fußball:	je nach Gruppe Auskunft bei Herrn Pohlmann, Tel. 9 87 65
	Basketball:	Mo und Do 19:30 – 21:00
	Yoga:	Di 19:00 – 20:00, Fr 10:00 – 11:00
	Samba:	Anfänger Mo 18:00 – 19:00, Fortgeschrittene Mo 19:00 – 20:00
	Tennis:	Anfänger Mi 18:00 – 19:00, Fortgeschrittene Do 19:00 – 20:00
Sportverein Mülheim		(+ zusätzliche Gebühr)

E Aktiv bleiben

E1 Wie halten Sie sich gesund und fit?

a Sehen Sie die Fotos an. Was machen die Personen? Wie oft machen Sie das? Sprechen Sie.

> *Die Personen auf Foto 1 joggen.*
> *Das mache ich nie. Ich finde das langweilig.*

 1    2    3    4

b Welches Foto aus a passt? Überfliegen Sie den Text und ordnen Sie zu.

WIE HALTEN SIE SICH GESUND UND FIT?

② Bewegung im Alltag

Nur wenn man sich genug bewegt, bleibt man gesund! Zu wenig Bewegung ist neben dem Rauchen und einer schlechten Ernährung eine
5 häufige Ursache für Krankheiten. Die meisten Menschen sitzen zu viel: am Schreibtisch, vor dem Bildschirm, vor dem Fernseher. Etwas mehr Bewegung im Alltag tut dem Körper und der Gesundheit gut. Und das ist gar nicht schwer:
10 Wenn es nicht zu weit ist, können Sie zum Beispiel zu Fuß zur Arbeit gehen. Nehmen Sie außerdem öfter mal die Treppe und nicht den Aufzug. Das hält fit. Auch beim Telefonieren können Sie ein wenig hin- und hergehen, wenn es Ihre Kollegen
15 nicht stört. Und: Gehen Sie in der Mittagspause kurz an der frischen Luft spazieren. Danach können Sie sich auch besser konzentrieren.

○ 10.000 Schritte

Jeder soll 10.000
20 Schritte pro Tag gehen – das empfiehlt die Weltgesundheitsorganisation (WHO). Einige Ärzte sagen
25 aber auch: Es reichen schon 6.000 Schritte. Untersuchungen haben gezeigt: Eine Person mit einem Bürojob geht ungefähr 2.000 Schritte pro Tag, eine Kellnerin in einem Restaurant 5.000. Wer schnell geht,
30 schafft 1.000 Schritte in ungefähr 10 Minuten. Sie sollten also täglich mindestens eine Stunde zu Fuß gehen. Wenn Sie tagsüber bei der Arbeit viel sitzen, können Sie abends einen Spaziergang

machen: Schon eine halbe Stunde reicht, und Sie
35 haben 3.000 Schritte gemacht.

○ Sport muss nicht teuer sein.

Sie müssen sich nicht in einem teuren Fitnessstudio anmelden. Es geht auch preiswert. Sehr einfach und effektiv ist das Joggen: Wenn
40 Sie nicht gern laufen, können Sie auch einfach schnell gehen. Ein Trend ist das sogenannte Nordic-Walking: schnelles Gehen mit zwei Stöcken. Auch Tischtennis ist eine günstige Sportart. In vielen deutschen Städten gibt es
45 Tischtennisplatten auf Spielplätzen und in Parks. Man kann sie kostenlos nutzen. Außerdem bieten viele Krankenkassen für ihre Mitglieder kostenlose Kurse an, wie zum Beispiel Fitness- oder Rückenkurse und Lauftrainings.

50 ### ○ Radfahren

In Deutschland ist das Radfahren sehr beliebt. 80 Prozent der
55 deutschen Haushalte haben ein Fahrrad, durchschnittlich gibt es sogar 2,4 Fahrräder pro Haushalt. Die Deutschen benutzen es vor allem auf
60 kurzen Strecken. Wer tagsüber neun Kilometer Fahrrad fährt, muss abends nicht noch extra Sport machen. Außerdem ist man mit dem Rad flexibel und in der Stadt bei bis zu fünf Kilometern oft so schnell wie mit dem Auto. Und es ist auch noch
65 gut für die Umwelt!

c Lesen Sie den Text in b noch einmal und verbinden Sie.

1 Es ist nicht gut für die Gesundheit, wenn	a man 3.000 Schritte schaffen.
2 Nach einem Spaziergang in der Mittagspause kann	b kostenlose Sportangebote.
3 Einige Ärzte empfehlen:	c es gut für die Umwelt und gesund ist.
4 Bei einem 30-minütigen Spaziergang kann	d Mit dem Auto spart man meistens keine Zeit.
5 Joggen, Walken und Tischtennis	e sind günstige Sportarten.
6 Bei vielen Krankenkassen gibt es	f Man sollte 6.000 Schritte pro Tag gehen.
7 In Deutschland ist das Radfahren beliebt, weil	g man sich besser konzentrieren.
8 Für Kurzstrecken in der Stadt bis 5 Kilometer gilt:	h man viel am Schreibtisch sitzt und sich zu wenig bewegt.

SCHON FERTIG? Finden Sie noch mehr
Fitness-Tipps für den Alltag:
viel schlafen, …

E2 Mal ehrlich!

Lesen Sie die Fragen. Wie reagieren Sie?
Erzählen Sie.

Sie besuchen einen Freund.
Er wohnt im vierten Stock.
Nehmen Sie die Treppe
oder den Aufzug?

Normalerweise machen Sie jeden
Morgen zehn Minuten Yoga.
Aber heute sind Sie noch sehr müde.
Was machen Sie?

Sie gehen dienstags immer mit
Ihren beiden Freundinnen joggen.
Heute haben beide keine Zeit.
Joggen Sie allein?

Der Supermarkt ist gleich in Ihrer
Nähe. Sie fahren immer mit dem
Fahrrad zum Einkaufen. Heute regnet
es stark. Nehmen Sie das Auto?

Ehrlich gesagt …
Wenn ich ehrlich bin, …
Das ist doch klar.
Das ist doch selbstverständlich.
Das finde ich etwas übertrieben.

Ich nehme auch bei Regen
das Fahrrad. Das ist doch klar.
Ich fahre nie mit dem Auto
zum Supermarkt.

Bei Regen? Nein, das finde
ich etwas übertrieben.
Ehrlich gesagt nehme ich
dann das Auto.

Grammatik und Kommunikation

Grammatik

1 Reflexive Verben ÜG 5.24

sich bewegen		
ich	bewege	mich
du	bewegst	dich
er/es/sie	bewegt	sich
wir	bewegen	uns
ihr	bewegt	euch
sie/Sie	bewegen	sich

Sie fühlen sich müde?

Bewegen Sie sich regelmäßig!

Sie sollten sich gesund ernähren.

auch so: sich verabreden, sich ausruhen, sich entspannen, sich ärgern, sich beeilen, sich anziehen, sich schminken, sich kämmen, sich waschen, sich umziehen, sich rasieren, sich konzentrieren, sich beschweren, sich interessieren …

Sie zieht sich an.

Sie zieht ihren Bruder an.

2 Verben mit Präpositionen ÜG 5.23

Akkusativ			Plural
warten auf • den Mann	• das Kind	• die Frau	• die Personen

auch so: sich beschweren über, sich freuen auf, sich ärgern über, sprechen über, sich freuen über, sich kümmern um, sich erinnern an, denken an, Lust haben auf …

Dativ			
zufrieden sein mit • dem Mann	• dem Kind	• der Frau	• den Personen

auch so: erzählen von, sich treffen mit, sprechen mit, telefonieren mit, träumen von, Angst haben vor …

Was passt? Verbinden Sie.

warten	an
sich interessieren	auf
denken	mit
Lust haben	über
sich erinnern	für
sich ärgern	von
sich verabreden	
träumen	

TiPP

Lernen Sie Wortgruppen immer zusammen.

warten auf

Schreiben Sie Gespräche mit *Lust haben auf, sich ärgern über …*

3 Präpositionaladverbien ÜG 5.23

Verb mit Präposition	Präpositionaladverb	Fragewort
sich interessieren für	dafür	Wofür …?
sich freuen auf	darauf	Worauf …?
(sich) erinnern an	daran	Woran …?
sich ärgern über	darüber	Worüber …?
zufrieden sein mit	damit	Womit …?
träumen von	davon	Wovon …?

Ich habe keine Lust auf Tanzen.
→ Ich habe keine Lust darauf.
→ Worauf hast du dann Lust?

◆ Ärgerst du dich über die Musik?
○ Nein, darüber ärgere ich mich nicht.
◆ Worüber …

⚠ da/wo + **r** + a/e/i/o/u

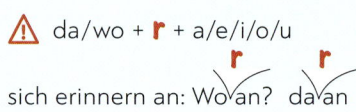

sich erinnern an: Woran? daran

Kommunikation

JEMANDEN NACH SEINEN INTERESSEN FRAGEN: Du interessierst dich ...?

Du interessierst dich nicht so für ..., oder?
Woran denkst du gern?
Worüber ärgerst du dich oft?
Worauf hast du (dann) Lust?

ANTWORTEN ABSTUFEN: Ja, sehr.

Interessieren Sie sich für ...? | Interessierst du dich für ...?
Ja, sehr. | Ja, eigentlich schon.
Nein, eigentlich nicht. | Nein, überhaupt nicht.

SICH ANMELDEN / INFORMATIONEN ERFRAGEN: Wann findet das statt?

Ich interessiere mich für ...
Bieten Sie auch ... an?
Ich möchte mich / meine Tochter / ... gern zu / zum / zur ... anmelden.
Wann findet das statt?
Wie viel kostet das?
Gibt es eine Ermäßigung für Schüler / Auszubildende / Studenten?
Vielen Dank für die Information.

DIE EIGENE MEINUNG AUSDRÜCKEN: Ehrlich gesagt ...

Ehrlich gesagt ... | Wenn ich ehrlich bin, ...
Das ist doch klar. | Das ist doch selbstverständlich.
Das finde ich etwas übertrieben.

Und Sie? Schreiben Sie.

> Ich interessiere mich
> für ... und für ...
> Ich denke gern an ...
> und an ...
> Ich habe oft Lust auf ...
> und auf ...

Wofür möchten Sie sich anmelden? Sammeln Sie Fragen.

> Bieten Sie auch
> Surfkurse an? ...

Sie möchten noch mehr üben?

2 | 30–32 🔊
AUDIO-TRAINING

🎬
VIDEO-TRAINING

Lernziele

Ich kann jetzt ...

A ... Gesundheitstipps verstehen: *Sie fühlen sich immer müde?*
Bewegen Sie sich regelmäßig! _____ 🙂 😐 🙁
B ... meine Interessen ausdrücken: *Ich interessiere mich für Fußball.* 🙂 😐 🙁
C ... jemanden nach seinen Interessen fragen: *Du interessierst dich nicht*
so für das Tanzen, oder? _____ 🙂 😐 🙁
D ... mich beim Sportverein anmelden und nach Informationen fragen:
Bieten Sie auch ... an? _____ 🙂 😐 🙁
E ... meine Meinung sagen: *Ehrlich gesagt, ich nehme dann das Auto.* 🙂 😐 🙁

Ich kenne jetzt ...

... 6 Sportarten:
Tanzen, ...

... 5 Gesundheits- und Fitnesstipps:
sich gesund ernähren, ...

LESEN

Frau Özer bleibt am Ball

Frau Özer, Ihr Vater Salih ist Türke und Ihre Mutter Barbara ist Deutsche. Erzählen Sie uns ein bisschen über Ihre Familie?

Mein Vater kommt aus Muş im Osten der Türkei. Er
5 ist 1985 nach Deutschland gekommen, als Erster aus seiner Familie. Ein paar Jahre später ist dann seine ältere Schwester auch hierher gekommen. Papa hat bei Opel in Rüsselsheim gearbeitet. Gewohnt hat er in Mainz-Bischofsheim. Dort hat er meine Mutter
10 kennengelernt. Sie kommt von da und hat Bürokauffrau gelernt.

*Ihr Vater spielte früher als Fußballprofi beim türkischen Erstliga-Klub Muşspor, später dann auch für Eintracht Frankfurt und Darmstadt 98. Sie selbst
15 spielen in der deutschen Bundesliga und auch Ihr Bruder Can ist ein leidenschaftlicher Fußballspieler …*

Jetzt haben Sie noch meine Mutter vergessen. Sie interessiert sich auch sehr für Fußball und sie hat für uns vieles erst möglich gemacht. Immer hat sie
20 uns zum Training oder zu den Spielen gefahren. Auch heute noch kümmert sie sich um alles und ist überall mit dabei.

Die Özers sind also eine richtige Fußball-Familie?
Ja, das stimmt. Fußball ist für uns sehr wichtig.
25 Für mich war es zuerst ja nur ein Hobby. Erst später habe ich gesehen, dass ich sogar einen Beruf daraus machen kann.

Und so haben Sie heute zwei Berufe.
Richtig. Nach meinem Realschulabschluss habe
30 ich auch eine Ausbildung als Kauffrau für Bürokommunikation gemacht. Ich musste mich ja darum kümmern, wie ich später mein Geld verdiene.

Das klingt sehr vernünftig. Sie stehen mit beiden Beinen voll im Leben. Kann man das so sagen?
35 Na ja, ich denke immer positiv. Und ich möchte immer mein Bestes geben. Ich glaube, wenn man wirklich etwas will, dann kann man alles schaffen. Dann kann man auch Träume wahr machen.

*Schlägt Ihr Herz mehr für Deutschland oder für
40 die Türkei?*
Ich bin in Deutschland aufgewachsen. Hier lebe und arbeite ich und hier fühle ich mich zu Hause. Aber ein großer Teil meiner Familie ist türkisch und dann habe ich auch viele Freunde aus ganz
45 verschiedenen Ländern. Deshalb sage ich nicht „oder". Ich sage lieber „und": Mein Herz schlägt also für Deutschland und für die Türkei.

Deniz Özer

Geboren: 1987 in Flörsheim am Main · Berufe: Profifußballerin, Kauffrau · Verein: TSV Schott Mainz · Staatsangehörigkeit: deutsch und türkisch · Das mag sie gern: Lachen, Döner essen, mit Freunden zusammen sein, Schokolade!!!

1 Lesen Sie den Text. Was ist richtig? Kreuzen Sie an.

a ⊠ Deniz ist in Deutschland geboren.
b ○ Alle in der Familie interessieren sich für Fußball, nur die Mutter nicht.
c ○ Deniz hat keine Ausbildung.
d ○ Deniz fühlt sich in der Türkei und in Deutschland wohl.
e ○ Deniz hat einen deutschen Pass.

2 Was ist Ihre Meinung zum Thema „Fußball"?

> *Für mich ist Fußball nicht so wichtig. Ich interessiere mich mehr für …*

> *Ich spiele selbst gern Fußball. Mein Verein heißt …*

Sportangebote

Darauf freu' ich mich:

GymnastiXXX

Für Anfänger und Fortgeschrittene.

• Tanzgymnastik
• Rückengymnastik
• Wassergymnastik
• Gymnastik für Senioren
• Gymnastik für Schwangere
• Kurse für Babygymnastik

Worauf haben Sie Lust?

www.gymnastixxx.com

 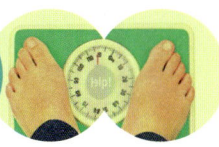

Ein paar Kilo weniger?

Davon träumen viele. Aber Träumen hilft nicht. Du brauchst Bewegung in unserer **Trainingsgruppe**. Mach mit und fühl dich sofort besser. Wir treffen uns dienstags und donnerstags von 18:00 bis 19:30 Uhr. Wir gehen schwimmen, wir joggen, wir fahren Rad oder machen Gymnastik. Je nach Jahreszeit und Wetter. Ruf an: **Heike 174 237**

Wasserball macht Spaß und hält fit.

Bewegung für den ganzen Körper.
Super für die Fitness. Spaß im Team.

In unserer Wasserball-Herren-Amateur-Mannschaft sind noch ein paar Plätze frei. Haben Sie Interesse? Wir treffen uns jeden Samstag um 11 Uhr im Hallenbad an der Knorrstraße. Kommen Sie doch mal vorbei. Wir freuen uns auf Sie. Info unter: 2 298 976

WOW!

Darauf freuen sich Mensch und Hund:

Wir organisieren Wochenendwanderungen. Gemeinsam draußen sein. Sich in der Natur bewegen. Nur dort übernachten, wo Hunde willkommen sind. Alles ohne Stress, aber mit viel Spaß. Informieren Sie sich: www.wow-hundewandern.de Neu: 14 Tage Bergwanderurlaub für Mensch & Hund in Südtirol

1 Lesen Sie die Anzeigen. Was würden Sie gern machen?

2 Suchen Sie im Internet Sportangebote in Ihrer Stadt. Was finden Sie interessant?

> *Mich interessiert Wasserball.*
> *Das würde ich gern mal versuchen.*

2 🔊 33

Der Hampelmann

1 Hören Sie und bringen Sie die Bilder in die richtige Reihenfolge.

2 Hören Sie noch einmal und machen Sie mit.

○    ①    ○     ○

Schule und Ausbildung

Folge 6: Von nichts kommt nichts.

1 Schule und Studium

a Ordnen Sie zu.

- ○ • das Zeugnis
- ○ • das Fach Erdkunde
- ○ • die gute Note
- ⊘ • die schlechte Note

b Verbinden Sie.

1 ein Schuljahr schaffen — a Wer diese Schule besucht, kann später an der Universität studieren.

2 das Gymnasium — b Man spricht vor der Klasse / dem Kurs über ein Thema.

3 ein Referat halten — c Das ist die Abschlussprüfung an einem Gymnasium.

4 das Abitur — d Man muss eine Klasse nicht wiederholen.

c Wie heißt das Gegenteil? Ordnen Sie zu.   ~~dumm~~ faul schrecklich

1 fleißig – _____   2 intelligent – _dumm_   3 toll – _____

Tims Film

2 Sehen Sie die Fotos an. Was meinen Sie? Sprechen Sie.

3 ◀)) 1–8

Hören Sie dann und vergleichen Sie.

Foto 2: Warum streiten Eva und Niki?   Foto 6: Was machen Tim und Niki?
Foto 7: Was macht Niki? Wo?   Foto 8: Was feiern Tim und die Familie?

3 ◀)) 1–8

3 Was ist richtig? Hören Sie noch einmal und kreuzen Sie an.

a ⊠ Eva ärgert sich, weil Niki schon wieder eine Fünf in Erdkunde bekommen hat.
b ○ Niki wollte auf das Gymnasium gehen.
c ○ Tim meint, dass Niki zu dumm für das Gymnasium ist.
d ○ Tim denkt, dass Niki leicht eine Vier in Erdkunde schaffen kann.
e ○ Niki holt seine Schulsachen und lernt zusammen mit Tim.
f ○ Niki macht ein Referat, weil er seine Erdkundenote verbessern möchte.
g ○ Eva und Dimi freuen sich, weil Niki das Schuljahr nun doch schafft.

4 Wie finden Sie das Verhalten von Eva, Niki und Tim?

> *Ich finde, Tim macht das gut. Er ist nett, aber auch ein bisschen streng. Das ist wichtig, weil …*

A Ich **wollte** auf meiner Schule bleiben.

3 ◀)) 9 **A1** Ordnen Sie zu. Hören Sie dann und vergleichen Sie.

~~wollte~~ musste durfte

◆ Ich _wollte_ auf meiner Schule bleiben.
○ Was!?
◆ Aber ich _____ nicht.
  Ich _____ ja aufs Gymnasium gehen.

wollen		wollte
können		konnte
sollen	ich	sollte
dürfen		durfte
müssen		musste

A2 Wünsche und Pläne: Sprechen Sie.

Frau Sicinski

wollen: Friseurin werden
aber sollen: eine Ausbildung als Sekretärin machen
nicht wollen: in einem Büro arbeiten
können: eine Ausbildung als Schneiderin machen

> Frau Sicinski wollte Friseurin werden, aber sie sollte …

Dimi

wollen: Architekt werden
aber nicht dürfen: studieren
müssen: eine Ausbildung in einer Spedition machen
können: später Logistikmanagement studieren

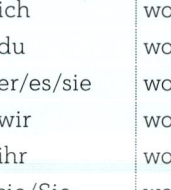

ich	wollte
du	wolltest
er/es/sie	wollte
wir	wollten
ihr	wolltet
sie/Sie	wollten

auch so: konnte, sollte, durfte, musste

A3 Was wollten Sie früher werden?

a Machen Sie Notizen zu den Fragen.

  1 Was wollten Sie als Kind/mit … Jahren werden?
  2 Was wollten Sie als Jugendliche/Jugendlicher werden?
  3 Was machen Sie jetzt?

> 1 Astronaut
> 2 Musiker

b Schreiben Sie. Sammeln Sie die Texte ein und verteilen Sie sie neu. Lesen Sie und raten Sie: Wer hat das geschrieben?

> als   Kind/Jugendliche/Jugendlicher
> mit   11 (Jahren)

> Mit neun wollte ich Astronaut werden und als Jugendlicher wollte ich am liebsten Musiker werden. Nach der Schule musste ich aber ein Handwerk lernen. Später … Jetzt arbeite ich als …

◆ Hast du das geschrieben, Malek? Du wolltest doch Astronaut werden.
○ Ja, das stimmt. Aber ich habe den Text nicht geschrieben.
▲ Ich glaube, der Text ist von …

B1 Wer sagt was? Verbinden Sie.

a Es ist wichtig, dass man einen guten Schulabschluss hat.
b Es tut mir leid, dass ich das vorhin gesagt habe.
c Mir tut es ja auch leid, dass ich immer gleich laut werde.
d Es ist so schön, dass du das Schuljahr jetzt doch schaffst.
e Ich glaube, dass Erdkunde ab sofort mein Lieblingsfach ist.

Es ist wichtig, dass man einen guten Schulabschluss hat.

auch so: Ich glaube, dass … / Es tut mir leid, dass … / Es ist schön, dass …

3 ◀)) 10 ### B2 Schulstress

a Was sagen Felix, Mika und Nurhan? Hören Sie und kreuzen Sie an.

	hat … Stress			hat … Noten		
	keinen	ein bisschen	viel	gute	mittlere	schlechte
Felix	○	○	⊗	○	○	○
Mika	○	○	○	○	○	○
Nurhan	○	○	○	○	○	○

b Was ist richtig? Hören Sie noch einmal und kreuzen Sie an.

Felix: Gute Noten sind ⊗ sehr ○ nicht wichtig.
Ich möchte später ○ studieren. ○ eine Ausbildung machen.
Aber ich habe ○ zu wenig ○ genug Zeit für Hobbys.

Mika: Freizeitaktivitäten und Hobbys sind ○ nicht so ○ sehr wichtig.
Man muss herausfinden, welche Interessen man hat. Man kann sonst
später nicht ○ den richtigen Beruf ○ das richtige Hobby finden.

Nurhan: Zu viel Stress ist nicht gesund. Man muss regelmäßig ○ Hausaufgaben
○ Pausen machen. Man kann sonst ○ müde ○ krank werden.

Felix

Mika

Nurhan

c Vergleichen Sie mit Ihrer Partnerin / Ihrem Partner.

◆ Felix meint, dass gute Noten sehr wichtig sind.
○ Ja, genau. Und er sagt, dass er später studieren möchte.
◆ Er findet, dass er …

| Er/Sie | sagt / meint / denkt / glaubt / findet, ist sicher, | dass … |

B3 Wählen Sie zwei Themen. Machen Sie Notizen und sprechen Sie dann in Gruppen.

– Sind Noten in der Schule wichtig?
– Sollen Mädchen und Jungen in verschiedene Klassen gehen?
– Sollen Schüler den ganzen Tag in der Schule bleiben?
– Sollen Schüler auch am Samstag zur Schule gehen?

Ja, Noten sind wichtig; ohne Noten lernt mein Sohn nicht.

◆ Ich finde Noten wichtig. Wenn mein Sohn in der Schule
keine Noten bekommt, dann lernt er nicht.
○ Ich finde Noten nicht so wichtig.
▲ Meinst du, dass Mädchen und Jungen in verschiedene
Klassen gehen sollen?
◆ Ja, gute Idee! / Keine schlechte Idee!

| *Meinst du (auch),* *Findest du (auch),* *Glaubst du (auch),* *Bist du (auch) sicher,* | *dass …?* |

C Schule

C1 Das deutsche Schulsystem: Sehen Sie das Schema an. Welche Schulen kennen Sie?

In Deutschland hat jedes Bundesland ein eigenes Schulsystem. Hier eine einfache Grafik:

			Klasse
	Diplom/Bachelor/Master UNIVERSITÄT / (FACH)HOCHSCHULE		
Berufsausbildung: Berufsschule und praktische Ausbildung (duales System)	Abitur Mittlere Reife Hauptschulabschluss	Abitur GYMNASIUM	12. 11. 10. 9. 8. 7. 6. 5.
Hauptschulabschluss/Quali HAUPTSCHULE / MITTELSCHULE	Mittlere Reife REALSCHULE	GESAMTSCHULE (Gymnasium + Realschule + Hauptschule/Mittelschule)	
GRUNDSCHULE			4. 3. 2. 1.
KINDERGARTEN (3–6 Jahre, freiwillig)			
KRIPPE (0–3 Jahre, freiwillig)			

3 ◀)) 11–13 C2 Unsere Schulzeit

a Welche Aussage passt? Hören Sie die Interviews und ordnen Sie zu.

1 Fatma Elmas, 32

2 Cosmin Vasile, 42

3 Daniel Holzer, 19

○ Er wollte kein Abitur machen und ist jetzt Mechatroniker.
○ Seine Schulzeit war toll, findet er. Er und seine Freunde hatten viel Spaß.
○ Sie ist immer gern zur Schule gegangen. Ihre Lieblingsfächer waren Mathe und Physik.

b Hören Sie noch einmal und ergänzen Sie.

	Vor der Schule?	Welche Schule?	Ausbildung/Beruf?
Fatma			
Cosmin	/		Tischler
Daniel			

Schulfächer
Biologie, Physik, Chemie, Erdkunde/Geografie, Kunst, Geschichte, Deutsch/ Englisch/Französisch ..., Mathematik, Sport, Musik, Sozialkunde

⇄ C3 Ihre Schulzeit

Ergänzen Sie den Fragebogen. Sprechen Sie dann mit Ihrer Partnerin / Ihrem Partner.

	Ich	Meine Partnerin / Mein Partner
1 Wann in die Schule gekommen?	mit 7	
2 Lieblingsfächer? Warum?	Mathematik, Noten gut, ...	
3 Welche Fächer nicht gefallen? Warum?		

◆ Ich bin mit sieben Jahren in die Schule gekommen. Und du?
○ Ich bin schon mit fünf in die Schule gekommen.

Ich bin mit ... in die Schule gekommen. | Mein Lieblingsfach / Mein Lieblingslehrer war ...
.... habe ich gehasst/geliebt. | Schön/Langweilig war auch immer ...
Im Unterricht mussten/durften wir ... | Die Lehrer waren streng/toll. | Wenn wir ...

D1 Lesen Sie die Kursangebote und markieren Sie die Kurstitel: Sport = blau, Sprache = grün, Computer = grau, Beruf = rot, Gesundheit = gelb.

Kursangebot FRÜHJAHR

A **Radfahren für Frauen – für Anfängerinnen**
Sie haben noch nie auf einem Fahrrad gesessen und Sie wollen gern Radfahren lernen? Dann sind Sie bei uns genau richtig!
15 Termine, Mo bis Fr, 9:00 – 11:15 Uhr, Beginn: 8. März, 5 – 7 TN*

B **Sprachprobleme bei der Führerscheinprüfung?**
Sie möchten den Führerschein machen, verstehen aber die Fragen für die Theorieprüfung nicht richtig? In diesem Kurs lernen Sie die sprachliche und inhaltliche Bedeutung der Fachbegriffe. Außerdem helfen wir Ihnen beim Umgang mit den Lehrmaterialien.
14 Termine, Mo bis Fr, 18:00 – 19:30 Uhr, Beginn: 10. März, 8 – 12 TN

C **Einführung in den PC: Keine Angst mehr vor Computern!**
Lernen Sie den sicheren Umgang mit „Word": schreiben, speichern, drucken, aber auch die Arbeit mit Digitalfotos und vieles mehr.
4 Termine, Mo, 17:45 – 19:00 Uhr, Beginn: 1. März, 7 – 12 TN

D **Computerkurs für Fortgeschrittene**
Sie haben schon Erfahrung mit dem Internet? Hier lernen Sie mehr über den Umgang mit Suchmaschinen und Web-Katalogen.
1 Termin, So, 8. Mai, 10:00 – 17:00 Uhr, 7 – 12 TN

E **Berufsvorbereitungsjahr für Migrantinnen und Migranten**
In diesem einjährigen Lehrgang können junge Menschen (ab 16 Jahren) aus allen Ländern der Welt Deutsch für den Beruf lernen und berufliche und soziale Kompetenzen erwerben.
Mo – Fr, 9:00 – 14:30 Uhr (30 Stunden pro Woche), Beginn: 1. Februar, 12 – 20 TN

F **Vortrag Bewerbungstraining**
Wie bewirbt man sich richtig? Wie formuliert man das Bewerbungsschreiben? Wie präsentiert man sich beim Vorstellungsgespräch? Unsere Expertin zeigt Ihnen die besten Tipps und Tricks.
2 Termine, Sa/So, 5./6. Juni, 9:00 – 14:00 Uhr, 7 – 20 TN

G **Fit in Englisch!**
Lesen, Hören, Sprechen, Schreiben für Kinder ab der 7. Klasse
10 Termine, Do, 14:30 – 15:45 Uhr, Beginn: 19. Februar, 8 – 12 TN

H **Deutsch als Zweitsprache: Vorbereitungskurs zum „Einbürgerungstest"**
In diesem Kurs lernen Sie, die Testfragen zu verstehen und erfahren auch etwas über den Ablauf der Prüfung.
2 Termine, 21. April und 3. Mai, 19:00 – 21:30 Uhr, 5 – 12 TN

I **Lehrgang zur beruflichen Qualifizierung**
Gesundheitsberufe/Pflege: Halbjähriger Lehrgang mit Abschlusszertifikat. Mit zweimonatigem Praktikum im Pflegebereich. Förderung durch die Bundesagentur für Arbeit möglich. Anmeldung und Beratung:
Frau Müller-Siechenender, Tel. 45 01 720
Mo – Fr, 8:30 – 15:00 Uhr, Beginn: 2. Februar, 12 – 20 TN

J **Erste-Hilfe-Kurs**
Ihr Kind hat sich verletzt. Es blutet stark. Der Notarzt ist noch nicht da! Was tun? Wir zeigen Ihnen die richtigen Handgriffe in Notsituationen.
5 Termine, Di, 9:00 – 11:30 Uhr, Beginn: 17. Februar, 7 – 12 TN

*TN= Teilnehmerinnen / Teilnehmer

SCHON FERTIG? Welche Kurse möchten Sie gern machen? Warum? Schreiben Sie.

D2 Hören Sie fünf Gespräche. Welcher Kurs aus D1 passt zu welchem Gespräch? Ordnen Sie zu.

Gespräch	1	2	3	4	5
Kurs	G				

E Mein Berufsweg

E1 Beruflicher Werdegang

a Was passt? Lesen Sie die Texte und ordnen Sie zu.

Schule ~~Praktikum~~ Berufsabschluss Studium

1 Ayşe Gül – eine junge Ärztin mit türkischen Wurzeln

Ayşe Gül wusste schon als Schülerin, dass sie Ärztin werden wollte. In der neunten Klasse hat sie in den Ferien ein Schülerpraktikum in einem Krankenhaus gemacht. „Dort habe ich zum ersten Mal den Tagesablauf in einem Kranken-
5 haus kennengelernt", sagt die 28-Jährige. „Das war toll."   *Praktikum*

Ihr Weg zur Ärztin war nicht einfach. Ayşes Eltern sind vor 35 Jahren aus der Türkei nach Deutschland gekommen, beide haben nur acht Jahre eine Schule besucht. Ihr Vater ist Taxifahrer, ihre Mutter Arbeiterin in einer Fabrik. Dass Ayşe eine gute Ausbildung bekommt, war ihnen immer wichtig. Nur
10 helfen konnten sie nicht viel. Ayşe musste es allein schaffen. Zuerst ist sie auf die Realschule gegangen. Sie war eine fleißige Schülerin und hatte gute Zeugnisse. In der siebten Klasse konnte sie auf das Gymnasium wechseln. „Biologie und Chemie waren meine Lieblingsfächer", sagt sie. Die Abschluss-prüfung hat sie sehr gut bestanden.

15 Nach dem Abitur hat sie fünf Jahre lang in Tübingen Medizin studiert. Aller-dings war sie dort in ihrem Studienjahr die einzige Studentin mit türkischem Migrationshintergrund. Das Studium war sehr schwer. „Ich musste sehr viel lernen, vor allem in den ersten zwei Jahren", erinnert sie sich. Freizeit hatte sie fast keine. Nach den fünf Jahren an der Universität musste sie noch ein
20 Jahr lang in einem Krankenhaus arbeiten. Auch das gehört zum Medizin-studium.

Jetzt ist sie endlich mit dem Studium fertig und ist Assistenzärztin. Ihre Eltern sind sehr stolz auf Ayşe. „Sie erzählen allen Leuten, dass ich studiert habe und Ärztin bin", sagt sie.

Berufserfahrung ~~Deutschkurs und Berufsanerkennung~~ Interessen Ausbildung

2 *Vilhelm Konstantinov – Elektrotechniker aus Bulgarien*

Elektrische Geräte haben Vilhelm Konstantinov schon immer interessiert. Als Kind hat er das Telefon seiner Eltern auseinandergeschraubt und wollte sehen, wie es funktioniert.

5 Nach der Schule war klar: Er möchte Elektroniker werden. Er hat eine Aus-bildung bei der größten Telekommunikationsfirma in Bulgarien gemacht. Sie hat vier Jahre gedauert. Er ist auch auf eine Berufsschule gegangen und hat im dritten und vierten Lehrjahr schon im Betrieb an großen Telefon-anlagen gearbeitet.

10 Acht Jahre war er in der Firma. „Mein Beruf hat mir von Anfang an Spaß
gemacht", sagt er. „Ich habe mit Technik zu tun, arbeite auch mit den Händen
und habe oft Kontakt zu Kunden. Das ist toll."

Vilhelm Konstantinov ist 30 Jahre alt und vor drei Jahren nach Deutschland gekommen. Seine deutsche Frau hat er im Urlaub am Schwarzen Meer
15 kennengelernt. Der Anfang in Deutschland war nicht einfach für ihn. Zuerst
musste er Deutsch lernen und hat einen Sprachkurs besucht. Danach wollte er
schnell wieder in seinem Beruf arbeiten. Dafür musste er aber seine Ausbildung in Deutschland anerkennen lassen, das heißt, dass eine Behörde geprüft
hat: Ist seine Ausbildung in Bulgarien mit der deutschen identisch? Das war
20 ziemlich kompliziert und hat fast zwei Jahre gedauert. Doch es hat geklappt.
Er hat noch eine Weiterbildung gemacht und arbeitet jetzt in einem großen
Mobilfunkunternehmen.

*Deutschkurs
und Berufs-
anerkennung*

b Lesen Sie noch einmal und notieren Sie die Antworten.

1 Wann hat Ayşe das erste Mal in einem Krankenhaus gearbeitet?
2 Was machen ihre Eltern beruflich?
3 Welche Fächer hat Ayşe besonders gern gemocht?
4 Wie lange hat das Medizinstudium gedauert?
5 Wie finden die Eltern es, dass Ayşe Ärztin ist?

*1 In der neunten Klasse.
2 ...*

6 Wofür hat sich Vilhelm schon als Kind interessiert?
7 Wie lange hat seine Ausbildung gedauert?
8 Warum gefällt ihm sein Beruf?
9 Warum ist er nach Deutschland gekommen?
10 Seine Ausbildung ist nun in Deutschland anerkannt. Wie lange hat das gedauert?

c Schreiben Sie mit Ihrer Partnerin / Ihrem Partner zwei weitere Fragen zum Text und
fragen Sie dann ein anderes Paar.

*1 Wann ist Vilhelm nach Deutschland gekommen?
2 ...*

> Wann ist Vilhelm nach
> Deutschland gekommen?

> Vor drei Jahren.

E2 Mein Traumberuf

a Notieren Sie.

1 Was ist Ihr Traumberuf?
2 Was gefällt Ihnen daran?
3 Was finden Sie nicht so gut?

*1 Bäcker
2 kreativ sein, im Team arbeiten
3 viel Stress, früh aufstehen, ...*

b Arbeiten Sie in Gruppen. Erzählen Sie. Die anderen raten Ihren Traumberuf.

◆ In meinem Traumberuf muss man sehr kreativ sein. Das gefällt mir besonders.
○ Ist dein Traumberuf Schauspieler?
◆ Nein. Leider hat man in meinem Traumberuf viel Stress und muss früh aufstehen.
○ Ist Bäcker dein Traumberuf?
◆ Ja, genau.

Grammatik und Kommunikation

Grammatik

1 Modalverben: Präteritum `ÜG` 5.09 – 5.12

	müssen	können	wollen	dürfen	sollen
ich	musste	konnte	wollte	durfte	sollte
du	musstest	konntest	wolltest	durftest	solltest
er/es/sie	musste	konnte	wollte	durfte	sollte
wir	mussten	konnten	wollten	durften	sollten
ihr	musstet	konntet	wolltet	durftet	solltet
sie/Sie	mussten	konnten	wollten	durften	sollten

Was mussten/wollten/konnten Sie letztes Wochenende machen? Schreiben Sie.

Am Samstag musste ich früh aufstehen. Ich wollte ...

2 Konjunktion: *dass* `ÜG` 10.06

	Konjunktion	Ende
Es ist wichtig,	dass man einen guten Schulabschluss	hat.

auch so: Ich denke/finde/meine/glaube/bin sicher/ ..., dass ...
Es tut mir leid, dass ...
Es ist schön, dass ...

TiPP

dass steht nach bestimmten Ausdrücken. Machen Sie eine Liste.

Es ist schön, dass ...

Kommunikation

ÜBER DEN BERUFSWEG SPRECHEN: Als Kind wollte ich ...

Was wollten Sie als Kind / mit ... Jahren werden?
Was wollten Sie als Jugendliche/Jugendlicher werden?
Was machen Sie jetzt?

Als Kind / Mit neun / Als Jugendliche/r wollte ich ... werden.
Ich wollte ..., aber ich konnte/durfte nicht. Ich musste/sollte ...
Später / Nach der Schule / Nach dem Abitur habe ich dann studiert / eine Ausbildung als ... gemacht.
Jetzt bin ich ... von Beruf. / Jetzt arbeite ich als ...

Ihr Beruf: Zeichnen Sie und/oder schreiben Sie.

Als Kind ...

Als Jugendliche(r) ...

Jetzt ...

Später ...

Als Kind wollte ich Tänzerin werden.

JEMANDEN NACH SEINER MEINUNG FRAGEN: Findest du (auch), dass ...?

Meinst du / Findest du / Glaubst du (auch), dass ...?
Bist du (auch) sicher, dass ...?

SEINE MEINUNG SAGEN: Ich finde, dass ...

Ich denke / finde / meine / glaube / bin sicher, dass ...
Es ist wichtig, dass ...

GEFÜHLE/VERSTÄNDNIS AUSDRÜCKEN: Es tut mir leid, dass ...

Es tut mir (so) leid / Mir tut es leid, dass ...
Es ist schön, dass ...

ÜBER DIE SCHULZEIT SPRECHEN: Ich bin mit ... in die Schule gekommen.

Ich bin mit ... in die Schule gekommen.
Mein Lieblingsfach / Mein Lieblingslehrer war ...
... habe ich gehasst / geliebt.
Schön / Langweilig war auch immer ....
Im Unterricht mussten / durften wir ...
Die Lehrer waren streng / toll.
Wenn wir ...

ZUSTIMMEN: Gute Idee!

Ja, das stimmt.
Ja, genau.
Gute Idee!
Keine schlechte Idee!

Was ist im Deutschkurs wichtig?
Schreiben Sie.

> Ich finde, dass man
> viel sprechen muss. ...

Was sagen die Personen?
Schreiben Sie Sätze.

> Es tut mir
> leid, dass du
> krank bist.
> ...

Mein Lieblingslehrer. Warum?
Schreiben Sie fünf Sätze.

> Meine Lieblingslehrerin
> war Frau Saidi.
> Sie war meine Lehrerin
> in der Grundschule.
> Sie war total nett und
> nicht streng. ...

Sie möchten noch mehr üben?

3 | 19–21
AUDIO-
TRAINING

VIDEO-
TRAINING

Lernziele

Ich kann jetzt ...

A ... über Wünsche und Pläne aus meiner Kindheit/Jugend erzählen:
Mit neun wollte ich Astronaut werden. ☺ ☺ ☹

B ... meine Meinung ausdrücken: *Es ist wichtig, dass man einen guten
Schulabschluss hat.* ☺ ☺ ☹

C ... von meiner Schulzeit erzählen: *Mein Lieblingsfach war Mathe.* ☺ ☺ ☹

D ... Aus- und Weiterbildungsangebote verstehen: *Berufsvorbereitungsjahr für Migrantinnen und Migranten* ☺ ☺ ☹

E ... erzählen: Das habe ich beruflich gemacht: *Meine Ausbildung hat
vier Jahre gedauert.* ☺ ☺ ☹

Ich kenne jetzt ...

... 10 Wörter zum Thema *Ausbildung
und Beruf*:
das Studium, ...

... 5 Schulfächer:
Erdkunde, ...

Zwischendurch mal ...

① Und noch eine Übung und noch ein Test.
Mein Kopf ist schon voll, ich bin super gestresst.
Und noch eine Prüfung und noch ein Schein.
Weiter, weiter, weiter! Da geht noch was rein.

② _____ genau, dass Bildung für mich wichtig ist.
_____, dass Lernen für mich richtig ist.
_____, dass es hier um meine Zukunft geht.
Ich habe das verstanden. Ich bin ja nicht blöd.

③ Und noch eine Übung und noch ein Test.
Mein Kopf ist schon voll, ich bin super gestresst.
Und noch eine Prüfung und noch ein Schein.
Weiter, weiter, weiter? Nein, nein, nein, nein!

④ Ich glaube, es ist besser, ich mach jetzt mal Schluss.
_____, dass man immer lernen muss?
_____, dass es im Leben nur um Arbeit geht?
Für heute ist's genug. Ich bin ja nicht blöd.

⑤ Ich mach' keine Übung und auch keinen Test.
Mein Kopf ist zu voll, ich bin super gestresst.
Ich mach' keine Prüfung und auch keinen Schein.
Ich mach' jetzt 'ne Pause. Es geht nichts mehr rein.

3 ◀)) 22 **1** Hören Sie das Lied und ergänzen Sie.

2 Sind Sie auch manchmal „super gestresst"? Was machen Sie dann? Was hilft am besten?

> Ich trinke immer Tee. Das hilft.

Glück und Erfolg für Ihr Kind!

Bildung ist so wichtig wie noch nie. Für die meisten Berufe braucht man heute einen guten Schulabschluss. Sie können Ihrem Kind dabei helfen. Arbeiten Sie von Anfang an mit der Schule, den Lehrern und den anderen Eltern zusammen. Das geht ganz leicht. Lesen Sie vier Beispiele:

Der Elternabend
Auf Elternabenden lernen Sie die Lehrerinnen und Lehrer und die Schule kennen. Sie bekommen wichtige Informationen über die Schule, die Klasse und den Unterricht.

Die Sprechstunde
In der Sprechstunde können Sie mit der Lehrerin oder dem Lehrer alle Schulfragen und Probleme besprechen.

Das Mitteilungsheft
Im Mitteilungsheft, im Hausaufgabenheft oder mit Notizzetteln können sich Eltern und Lehrer kurze Nachrichten schicken.

Der Elternbeirat
In jedem Schuljahr wählen die Eltern einen Elternbeirat für die Schule. Alle Eltern können und sollen bei dieser Wahl mitmachen. Der Elternbeirat erfährt Neuigkeiten aus der Schule besonders schnell, er informiert die Eltern, er hilft bei der Lösung von Problemen und bei der Organisation von Veranstaltungen. Mit allen Schulfragen kann man auch zum Elternbeirat gehen.

Lesen Sie den Text auf Seite 80. Was ist richtig? Kreuzen Sie an.

a ○ Für die meisten Berufe braucht man heute keine gute Schulbildung.
b ○ Am Elternabend müssen die Eltern lernen.
c ○ Wenn Eltern mit einem Lehrer sprechen möchten, gehen sie in die Sprechstunde.
d ○ Mitteilungen an Lehrer soll man mit der Post schicken.
e ○ Die Schülerinnen und Schüler wählen den Elternbeirat.
f ○ Der Elternbeirat bekommt Informationen meist sofort.

SCHREIBEN

Als Kind …

wollte …

durfte …   musste …

sollte …

konnte …   ich …

A Als Kind musste ich Gitarre lernen. Zuerst wollte ich nicht. Aber dann konnte ich schon bald ganz gut spielen und sollte sogar bei einem Konzert mitmachen. Aber dann bin ich krank geworden und durfte nicht dabei sein.

B Als Kind sollte ich immer Gemüse essen. Ich wollte aber lieber etwas Süßes haben. Aber das durfte ich nicht. Ich musste zuerst das Gemüse aufessen. Dann konnte ich mir ein Stück Schokolade holen.

1 Sehen Sie die Fotos an und lesen Sie die Geschichten. Welches Foto passt? Zeigen Sie.

2 Wählen Sie dann ein Foto und schreiben Sie eine Geschichte mit *wollen, sollen* … Oder schreiben Sie eine Geschichte aus Ihrer Kindheit.

Als Kind wollte ich so gern ein Haustier haben. Aber ich …

Feste und Geschenke

Folge 7: Das kannst du laut sagen.

1 Ein Fest mit den Nachbarn

a Sehen Sie die Fotos an. Was meinen Sie?

– Warum feiern Tim und seine Freunde ein Fest?
– Wer ist der unbekannte Mann auf den Fotos 6 bis 8?

3 ◀)) 23–30 b Hören Sie und vergleichen Sie.

3 ◀)) 23–30 2 Was ist richtig? Hören Sie noch einmal und kreuzen Sie an.

a Was ist Tims Problem?
- ○ Er weiß nicht: Soll er ins Hotel ziehen?
- ○ Er weiß nicht: Darf er Lara zum Hoffest einladen?

b Was bereiten die Freunde für das Fest vor?
- ○ Frau Sicinski kauft Stühle und einen Tisch. Tim kocht das Essen und Eva organisiert die Getränke.
- ○ Paul backt einen Kuchen, Betty bastelt eine Karte, Eva und Dimi organisieren das Essen und die Getränke.

Tims Film

c Was feiern die Freunde auch?
   ○ Nikis Noten sind jetzt besser.
   ○ Lara kommt zu Besuch.

d Wer hat das Tzatziki gemacht und wie schmeckt es?
   ○ Dimi. Das Tzatziki schmeckt nicht, weil zu viel Knoblauch drin ist.
   ○ Tim. Das Tzatziki schmeckt lecker.

e Wie entscheidet sich Tim?
   ○ Er zieht um.
   ○ Er bleibt in der Düsterstraße.

3 Feste planen und feiern: Erzählen Sie.

– Was haben Sie zuletzt gefeiert und mit wem?
– Was haben Sie für das Fest vorbereitet?
– Haben Sie etwas mitgebracht? Ein Geschenk? Essen?

> Vor zwei Wochen hatte meine Tochter Schulfest. Alle Eltern haben etwas vorbereitet. Ich habe Hummus gemacht.

A Ich habe **meinem Mann** … gekauft.

A1 Geschenke

Lesen Sie die Aussagen und ergänzen Sie die Tabelle.

> *Früher haben wir jedes Jahr ein Hoffest gemacht. Ich habe meinem Mann Gartenstühle gekauft.*

1

> *Was ich gerade mache? Ich backe meiner Nachbarin einen Kuchen. Sie hat morgen Geburtstag.*

2

Wer?		Wem? (Person)	Was? (Sache)
Ich	habe	• .... Mann	Gartenstühle gekauft.
Ich	kaufe	• mein**em** Baby	einen Teddy.
Ich	backe	• .... Nachbarin	einen Kuchen.
Ich	schenke	• mein**en** Freunden	ein Buch.

auch so: dein-, sein-, ihr-, …; ein-, kein-

A2 Was schenken/kaufen Kristina und Jan ihrer Familie?

Schreiben Sie. Vergleichen Sie dann mit Ihrer Partnerin / Ihrem Partner.

Kristina

Espresso-maschine

Pralinen

Kochbuch

Mütze

Mama und Papa

Nachbarn: Maria und Harald

Jans Freundin Lena

Baby von Familie Müller

Jan

Konzertkarten

Flasche Wein

Kette

Teddy

> *Kristina schenkt ihren Eltern eine Espressomaschine. Jan kauft ihnen Konzertkarten.*

WIEDERHOLUNG

Wem? (Person)

mir, dir, ihm/ihm/ihr,
uns, euch, ihnen/Ihnen

A3 Spiel: *Geschenke raten*

Wer bekommt was? Ordnen Sie jeder Person ein Geschenk zu und notieren Sie. Spielen Sie mit Ihrer Partnerin / Ihrem Partner: Wer hat zuerst alle Geschenke erraten?

- • die Tante
- • der Bruder
- • die Schwester
- • der Vater
- • die Mutter
- • der Opa

- • die Puppe
- • das Parfüm
- • das Motorrad

- • der DVD-Player
- • die Handcreme
- • der Geldbeutel

◆ Schenkst du deiner Mutter eine Handcreme?

○ Nein. Aber kaufst du ihr ein Parfüm?

◆ Ja.

> **SCHON FERTIG?** Sammeln Sie Geschenkideen für Ihre Familie oder Ihre Freunde.

~~meiner Mutter: ein Parfüm~~	meiner Schwester: eine Puppe
meiner Tante: eine Handcreme	meinem Opa: ein Motorrad

B1 Wer oder was ist hier gemeint? Kreuzen Sie an.

◆ Probieren Sie doch mal das Tzatziki, Herr Wagner.
○ Ich kann es Ihnen nur empfehlen.

a es = ○ Joachim Wagner   ○ das Tzatziki
b Ihnen = ○ Joachim Wagner   ○ das Tzatziki

Dimi empfiehlt Joachim Wagner das Tzatziki.
Dimi empfiehlt   es ⟷ ihm.

B2 Serviceangebote

a Welche Anzeige passt? Ordnen Sie zu.

1 ○ Zehrudin soll ein Fest organisieren, aber er hat keine Lust.
2 ○ Zehrudin hat Hunger, aber er kann nicht kochen.

B

HOCHZEIT, KINDERGEBURTSTAG
ODER GRILLPARTY:

Wir kümmern uns um Ihre Feier.
Sie haben einen Sonderwunsch?
Nennen Sie ihn uns einfach.
Wir finden immer eine Lösung.
www.partyservice-meingast.de

A   **Keine Lust** *auf Kochen?*

Pizza, Nudeln, feine Weine –
Sie bestellen Ihr Wunschgericht
und wir liefern es Ihnen schnell
und zuverlässig.
www.lieferendo.de

b Sehen Sie die grünen und roten Wörter in a an
und markieren Sie wie im Beispiel.

B3 Arbeiten Sie zu zweit. Fragen Sie und antworten Sie.

◆ Kannst du mir die Schachtel da rübergeben?
○ Moment, ich gebe sie dir gleich.
Ich muss nur noch schnell die Rechnung ausdrucken.

• die Schachtel   • das Klebeband   • die Schnur   • das Packpapier
• der Adressaufkleber   • das Geschenkpapier   • die Briefmarken

⇄ **B4 Sätze bilden**

a Schreiben Sie mit Ihrer Partnerin / Ihrem Partner drei Sätze auf Kärtchen wie im Beispiel.

~~zeigen~~ (mit-)bringen geben bestellen holen kaufen empfehlen anbieten erklären

Wir zeigen unseren Freunden Fotos .

Wir zeigen ihnen Fotos .   Wir zeigen sie ihnen .

b Mischen Sie die Kärtchen und geben Sie sie einem anderen Paar.
Es ordnet die Sätze. Vergleichen Sie.

C Hochzeit

C1 Sehen Sie die Fotos an.

Über welches Fest schreiben Katrin und Miriam? Was machen die Leute auf dem Fest? Sprechen Sie.

12. März

Hey Miriam, gleich geht's los. Wir sind schon in der Kirche und in zehn Minuten beginnt die Trauung. 🙂 Wahnsinnig viele Leute hier und eine ganz feierliche Stimmung.　　13.50 Uhr

Huhu Katrin! Oh Mann, so blöd, dass ich krank bin! 😷 😷 Grüß alle von mir!!! Viel Spaß, Miriam
　　13.55 Uhr

Jetzt ist die Trauung schon vorbei. Es war wunderschön. Stell dir vor, ich habe sogar geweint. Fast alle haben geweint, nur die Braut nicht. Schau mal!　　15.15 Uhr

Ich weine auch immer auf Hochzeiten! 😭 😭 😭 Und ja: Typisch Celia!　　15.30 Uhr

Wow, das ist wirklich eine große Feier hier – bestimmt 200 Gäste!　　15.50 Uhr

Hmmm, super lecker, die Hochzeitstorte!　　16.02 Uhr

Aber eine Panne: 😬 Die beiden haben die Torte angeschnitten, dabei ist sie fast runtergefallen. Celias Kleid – voller Sahne!　　16.04 Uhr

Übrigens haben sich Celia und Valentin total über dein Geschenk gefreut. Super Idee, die Espressomaschine! 🤗　　16.06 Uhr

Juhu! Jetzt esst ihr bestimmt schon, oder? Wie ist es denn?　　18.32 Uhr

Ja wir essen! Lecker! 😋 😋　　18.45 Uhr

Mein Abendessen: Suppe! 😬 😬　　18:59 Uhr

Hier: der Brautwalzer　　20.10 Uhr

Valentin ist Celia auf das lange weiße Kleid getreten und beide sind fast hingefallen. Hahaha! 😂　　20.17 Uhr

Ups! Da war Valentin wohl ein bisschen nervös, was? 😬　　20.19 Uhr

> Und danach haben sie auch noch einen Walzer mit ihren Eltern getanzt: Wenigstens die Eltern können tanzen! 🤪
>
> 20.46 Uhr

> Übrigens: Ich sitze neben Jonas! 😄 Du erinnerst Dich?
>
> 21.00 Uhr

> Jonas?!?! Hach, den würde ich auch gern mal wieder sehen!
>
> 21.07 Uhr

> Seine Frau ist auch hier! 😄
>
> 21.10 Uhr

> Ah ja! 🙀 🙀 So, ich gehe jetzt ins Bett. Mir geht es echt nicht gut!
>
> 21.11 Uhr

13. März

> Miri, bist Du schon wach? Und geht es Dir besser? Du, das war noch eine wilde Feier. Alle haben getanzt: Jung und Alt. Tolle Musik, super Stimmung. 🎉 Ich war erst um fünf Uhr zu Hause. Lass uns mal bald einen Kaffee trinken gehen, dann erzähle ich Dir alles, auch über Jonas. 😄
>
> 12.00 Uhr

C2 Lesen Sie die Nachrichten in C1.

a Was passt? Verbinden Sie.

1 Zuerst	hat das Brautpaar einen Walzer getanzt.
2 Dann	hat die Trauung stattgefunden.
3 Später	haben bis spät in die Nacht getanzt und gefeiert.
4 Nach dem Abendessen	haben alle zu Abend gegessen.
5 Alle	hat es Kuchen gegeben und das Brautpaar hat die Geschenke ausgepackt.

> **SCHON FERTIG?** Diese Feste waren besonders schön! Schreiben Sie.
> *Geburtstag von Klara: ...*

b Was ist richtig? Kreuzen Sie an.

1 ○ Auf der Feier waren wenige Gäste.
2 ○ Celia hat in der Kirche geweint.
3 ○ Die Torte ist auf den Boden gefallen.

4 ○ Der Brautwalzer hat nicht so gut geklappt.
5 ○ Jonas ist nicht verheiratet.
6 ○ Das Fest hat Katrin sehr gut gefallen.

C3 Eine Hochzeit von einem Verwandten / Freund oder Ihre eigene Hochzeit

Notieren Sie Informationen und erzählen Sie.

a Wer hat geheiratet? Wann und wo war die Hochzeit?
b Was hat die Braut / der Bräutigam getragen?
c Was hat es zu essen und zu trinken gegeben?
d Was für Geschenke hat das Brautpaar bekommen?
e Was war besonders lustig oder komisch?

> *a meine Schwester, letztes Jahr in ...*

> *Das sind meine Schwester Bhavya und ihr Mann. Sie haben letztes Jahr in Bangalore geheiratet. Das Fest war sehr schön, ...*

D Geschenke

3 ◀) 31 **D1 Eine Einladung**

a Was wünscht sich Martin von seinen Gästen?
Hören Sie das Gespräch und kreuzen Sie an.

○ Einen Gutschein. ○ Ein Glas Marmelade.

○ Geld. ○ Ein Fußballtrikot. ○ Eine Uhr.

> *Martin wünscht sich
> von seinen Kollegen ...*

von	• meinem Kollegen
	• meiner Kollegin
	• seinen Kollegen

b Hören Sie noch einmal. Welche Aussagen hören Sie?
Markieren Sie wie im Beispiel.

1 In Deutschland schenkt man Kollegen am besten Pralinen oder eine Flasche Wein.
2 Ich schenke ihm einen Gutschein. Ein Gutschein passt immer.
3 Ein Gutschein ist nicht persönlich genug, finde ich.
4 Ein Gutschein ist nicht besonders originell.
5 Man sollte den Kollegen nach seinen Wünschen fragen.
6 Ich schenke gern etwas Selbstgemachtes, denn das ist persönlich.
7 Ich denke, ich bringe ihm ein Glas von meiner Pflaumenmarmelade mit. Die kommt immer gut an.
8 Ist ein Glas Marmelade nicht ein bisschen wenig?
9 Ein Geschenk muss doch nicht teuer sein. Hauptsache, es kommt von Herzen.
10 Uhren sind in meinem Land als Geschenk tabu, weil sie den Tod symbolisieren.
11 Man kann doch kein Geld zum Geburtstag schenken!
12 Für ein Geschenk sollte man nicht zu viel Geld ausgeben.

c Zu welchen Fragen passen die Sätze aus b? Ordnen Sie zu.

A Was schenkt man einem Kollegen? *1, 5*
B Wie finden Sie Gutscheine oder Selbstgemachtes als Geschenk?
C Wie teuer darf ein Geschenk sein? *8,*
D Was sollte man auf keinen Fall schenken?

> **SCHON FERTIG?** *Das schenke ich nie.
> Machen Sie eine Liste.*

🔁 **D2 Ihre Meinung, Ihre Vorlieben**

Was schenken Sie Ihren Kollegen / Ihrer Familie /
Ihren Freunden ... gern? Machen Sie Notizen und erzählen Sie.

> *Ich finde, ...
> Ich schenke (nicht) gern ..., weil ...
> Am wichtigsten ist, dass ... / Hauptsache, ...
> In meinem Land ... / In meiner Heimat ...
> ... darf man auf keinen Fall schenken. / ... ist tabu.*

Kollegen → Gutscheine

> *Ich schenke meinen Kollegen gern
> Gutscheine, weil ...*

3 ◄)) 32 **E1 Sabine und Khaled planen ein Fest.**

a Für welches Fest entscheiden sie sich? Hören Sie das Gespräch und kreuzen Sie an.

○ 1   ○ 2

b Hören Sie noch einmal. Wer sagt was?
Ordnen Sie zu: Sabine (S) oder Khaled (K).

1 Ⓚ Man kann die Gäste per SMS einladen.
2 ○ Ich möchte mit Kollegen feiern.
3 ○ Ich möchte eine Tanzparty machen.
4 ○ Hauptsache, das Essen ist gut und wir unterhalten uns gut.
5 ○ Mir ist wichtig, dass der Raum groß ist und wir genug Platz haben.
6 ○ Man sollte eine Party zu Hause feiern.
7 ○ Ich finde es toll, wenn die Leute Spaß haben und die Stimmung gut ist.
8 ○ Ich finde, wir müssen den Raum nicht dekorieren.

🔁 **E2 Unser Fest**

a Planen Sie in kleinen Gruppen ein Fest mit einem Motto, z. B. Tänze und Musik aus aller
Welt, internationale Spezialitäten, Picknick im Grünen … Was ist Ihnen wichtig? Was nicht?
Einigen Sie sich und machen Sie ein Plakat.

● das Budget ● die Gäste ● die Uhrzeit ● der Raum ● die Dekoration
● die Unterhaltung (● die Musik, ● das Feuerwerk …) ● das Essen / ● die Getränke …

⎧ Ich finde es toll, wenn …
  Mir ist … wichtig. Mir ist wichtig, dass …
  Die Hauptsache ist / Hauptsache, dass …
  Ich finde das nicht so toll.
  Ist das wirklich so wichtig?
  Am wichtigsten ist, dass …
⎩ Muss das sein?

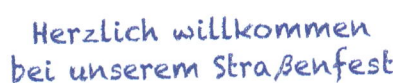

Herzlich willkommen
bei unserem Straßenfest

Motto: Musik aus aller Welt

Termin: 20. Juli, ab 14 Uhr

Musikvorführungen:
● Guzheng aus China (Cindy)
● Harmonium aus Indien (Vijendra)
● Lieder aus Polen (Ania und
  Marek)

Bitte
bringt gern
eure
Familien
mit!

b Stellen Sie Ihr Fest vor und überzeugen Sie die anderen im Kurs: Sie sollen zu Ihrem Fest kommen.

⎧ Unser Motto ist …
  Wir feiern in / im … / zu Hause bei …
  Unser Raum ist so dekoriert: …
⎩ Und natürlich haben wir auch Musik: …

Unser Fest findet am … um / ab … Uhr statt.
Ihr müsst …
Zu essen / trinken gibt es …

Grammatik und Kommunikation

Grammatik

1 Dativ als Objekt: Possessivartikel und unbestimmter Artikel ÜG 1.03, 2.04, 5.22

Wer?		Wem? (Person)		Was? (Sache)
Ich	habe	• mein**em**	Mann	mal Gartenstühle gekauft.
Ich	kaufe	• mein**em**	Baby	einen Teddy.
Ich	backe	• mein**er**	Nachbarin	einen Kuchen.
Ich	schenke	• mein**en**	Freunden	ein Buch.

auch so: dein-, sein-, ihr-, ...; ein-, kein-

2 Syntax: Stellung der Objekte ÜG 5.22

	Dativ(pronomen)	Akkusativ
Jan schenkt	ihnen	Konzertkarten.
Dimi empfiehlt	Joachim Wagner	das Tzatziki.
	Akkusativpronomen	**Dativpronomen**
Dimi empfiehlt	es	ihm.

3 Präposition: *von* + Dativ ÜG 6.04

	• mein**em**	Kollegen
	• mein**em**	Kind
von	• mein**er**	Kollegin
	• sein**en**	Kollegen
	mir	

Kommunikation

EMPFEHLUNG: Probieren Sie doch mal ...

Probieren Sie doch mal das Tzatziki.
Ich kann es Ihnen nur empfehlen.

Wem haben Sie schon mal etwas Selbstgemachtes geschenkt? Schreiben Sie.

Ich habe meiner Freundin ...

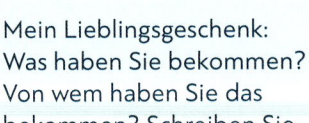

Mein Lieblingsgeschenk: Was haben Sie bekommen? Von wem haben Sie das bekommen? Schreiben Sie.

Mein Lieblingsgeschenk ist eine Kette. Ich habe sie von meiner Oma bekommen.

Geben Sie eine Empfehlung. Schreiben Sie Gespräche.

- • der Fisch • der Salat
- • der Kuchen • das Brot
- • die Wurst

- ◆ *Was soll ich essen?*
- ○ *Probier doch den Fisch. Ich kann ihn dir nur empfehlen.*

VORLIEBEN AUSDRÜCKEN: Ich schenke gern …

Ich finde, …

Ich schenke (nicht) gern …, weil …

In meinem Land … / In meiner Heimat …

… darf man auf keinen Fall schenken. / … ist tabu.

WICHTIGKEIT AUSDRÜCKEN: Hauptsache, …

Ich finde es toll, wenn …   *Ich finde das nicht so toll.*

Mir ist … wichtig. / Mir ist wichtig, dass …   *Ist das wirklich so wichtig?*

Die Hauptsache ist, / Hauptsache, dass …   *Am wichtigsten ist, dass …*

Muss das sein?

ÜBER EIN FEST BERICHTEN: Unser Fest findet … statt.

Unser Motto ist …

Unser Fest findet am … um/ab … Uhr statt.

Wir feiern in/im … / zu Hause bei …

Ihr müsst …

Unser Raum ist so dekoriert: …

Zu essen/trinken gibt es …

Und natürlich haben wir auch Musik: …

Was schenken Sie gern?
Was schenken Sie auf keinen Fall?
Schreiben Sie.
Ich schenke gern …, weil …
Ich schenke auf
keinen Fall / nicht
gern …, weil …

Was finden Sie bei einem
Fest besonders wichtig?
Kreuzen Sie an.

○ viel Essen
○ Musik
○ Partyspiele
○ Geschenke
○ Dekoration
○ viele Gäste

Mir ist Musik wichtig.

Sie möchten noch mehr üben?

3 | 33–35
AUDIO-
TRAINING

VIDEO-
TRAINING

Lernziele

Ich kann jetzt …

A … über Geschenkideen sprechen: *Schenkst du deiner Mutter eine
Handcreme?* _____ ☺ ☺ ☹

B … Bitten und Empfehlungen ausdrücken: *Probieren Sie doch mal
das Tzatziki. Ich kann es Ihnen nur empfehlen.* _____ ☺ ☺ ☹

C … Kurznachrichten über eine Hochzeit verstehen: *In zehn Minuten
beginnt die Trauung.* _____ ☺ ☺ ☹

… von einem Fest erzählen: *Das sind meine Schwester und ihr Mann.
Sie haben letztes Jahr geheiratet.* _____ ☺ ☺ ☹

D … meine Meinung und meine Vorlieben zu Geschenken ausdrücken:
Ich schenke gern etwas Selbstgemachtes, denn das ist persönlich. ___ ☺ ☺ ☹

E … ein Fest planen: *Unser Fest findet am 20. Juli statt.* _____ ☺ ☺ ☹

Ich kenne jetzt …

… 5 Wörter zum Thema *Schenken*:
der Gutschein, …

… 5 Wörter zum Thema *Hochzeit*:
die Braut, …

Hauptsache, sie sind glücklich.

1 Sehen Sie die Fotos an. „1" ist der Anfang der Geschichte. Was meinen Sie?
Wie geht es weiter? Ordnen Sie.

2 Sehen und hören Sie jetzt die Slide-Show und vergleichen Sie.

Wer ist wer … und was ist los?

Sie sind auf einer Party. Sie kennen niemanden. Sie wissen nichts. *Noch* nicht. Denn Sie sehen genau hin und hören gut zu. Schon bald wissen Sie alles und können jede Frage beantworten.

Günther

Katharina

1 Sehen Sie das Bild an. Was meinen Sie?

Worüber unterhalten sich die Leute? Was sind typische Party-Themen?

3 ◀)) 36–41 **2** Hören Sie die Gespräche und ordnen Sie die Namen im Bild zu.

Frauen: Beate Anna Jenny Rosemarie Paula Laura Renate ~~Katharina~~
Männer: Chris Hubert Thomas Georg Edgar ~~Günther~~ Sebastian

3 ◀)) 36–41 **3** Hören Sie noch einmal und kreuzen Sie an.

    a Wie findet Chris die Party? ○ Langweilig. ○ Nett. ○ Super.
    b Finden Jenny und Katharina das Essen lecker? ○ Ja. ○ Nein.
    c Findet Anna es schön, wie Laura singt? ○ Ja. ○ Nein.
    d Was ist mit Günther los? Günther … ○ ist müde. ○ hat Kopfschmerzen.
    e Mag Renate Paulas Frisur? ○ Ja. ○ Nein.
    f Welchen Sport macht Edgar? ○ Fußball. ○ Joggen. ○ Tennis. ○ Golf.
    g Wie heißen die beiden Gastgeber? Sie heißen ○ Anna und Hubert. ○ Katharina und Thomas.
    h Was wird auf der Party gefeiert? ○ Silvester. ○ Geburtstag. ○ nichts Besonderes.

Am Wochenende

Folge 8: Wo er recht hat, hat er recht.

1 Wörter raten: *Scharade*

Lesen Sie die Spielanleitung. Kennen Sie das Spiel? Wie heißt es in Ihrer Sprache?

> Arbeiten Sie in Gruppen. Jede Gruppe/Person denkt sich ein Wort aus zwei
> Teilen (Baumhaus, Blumentopf, …) aus und spielt das Wort pantomimisch vor.
> Die anderen Mitspieler raten. Für jedes richtige Wort gibt es einen Punkt.
> Gewonnen hat die Gruppe/Person mit den meisten Punkten.

2 Sehen Sie die Fotos 3, 4, 6 und 8 an.

a Was meinen Sie? Welche Wörter „spielen" die Freunde? Kreuzen Sie an.

Tim:	○ eine Salatschüssel	○ eine Teekanne
Betty:	○ einen Hausmann	○ ein Hausdach
Niki:	○ Geschenkpapier	○ eine Modezeitschrift
Eva:	○ einen Holzhammer	○ einen Werkzeugkoffer

4 ◀)) 1–8   **b** Hören Sie und vergleichen Sie.

Tims Film

3 Hören Sie noch einmal und ergänzen Sie die Namen.

4 ◄)) 1–8

Betty   Eva   Niki   Paul   Tim

Es ist Sonntag. Betty und _Paul_ hören Musik. _____ kann nicht lernen, denn die Musik ist zu laut. Er ist sauer und geht nach oben zu _____ und _____. Sie trinken zusammen Tee. Dann hat _____ eine Idee: Sie möchte Scharade spielen. _____ kommt auch. Er braucht einen Werkzeugkoffer für _____ und spielt dann mit. _____, seine Mutter, sucht ihn. Am Ende spielt _____ auch mit.
Alle haben viel Spaß!

4 Spielen Sie gern? Welche Spiele mögen Sie? Erzählen Sie.

Ich spiele gern Karten.

Und ich Schach!

A Ich **hätte** gern ein bisschen Ruhe!

A1 Wer sagt was? Wer wünscht sich was? Ordnen Sie zu und verbinden Sie.

A

B

C

○ Ich muss lernen. Aber die Musik ist so laut.

○ Ich soll den Werkzeugkoffer leihen.

○ Heute ist doch Sonntag!

Wir würden gern etwas zusammen spielen.

Ich wäre lieber bei Betty, Paul und Tim.

Ich hätte gern ein bisschen Ruhe!

ich	bin	→ wäre	ich	habe	→ hätte	ich	spiele	→ würde	
du	bist	→ wär(e)st	du	hast	→ hättest	du	spielst	→ würdest	
er/es/sie	ist	→ wäre	er/es/sie	hat	→ hätte	er/es/sie	spielt	→ würde	... spielen
wir	sind	→ wären	wir	haben	→ hätten	wir	spielen	→ würden	
ihr	seid	→ wär(e)t	ihr	habt	→ hättet	ihr	spielt	→ würdet	
sie/Sie	sind	→ wären	sie/Sie	haben	→ hätten	sie/Sie	spielen	→ würden	

A2 Was wünschen sich diese Personen? Sprechen Sie.

Sie/Er hätte gern ...   Sie/Er wäre gern ...   Sie/Er würde gern ...

A

Sie hätte gern mehr Freizeit. Und sie ...

B

C

mehr Freizeit haben – einen freien Abend haben – einmal ausschlafen

Rad fahren – Yoga machen – joggen

im Wald spazieren gehen – in der Disko sein – Urlaub haben

A3 Freizeit-Wünsche

a Lesen Sie die Texte auf Seite 97. Wer sagt das? Kreuzen Sie an.

	Barbara	Lorenzo	Agnieszka
1 Ich habe sehr wenig Zeit für mich.	⊠	○	○
2 Ich muss arbeiten, wenn andere frei haben.	○	○	○
3 Ich muss nach der Arbeit zu Hause viel machen.	○	○	○
4 Im Moment habe ich weniger Zeit als früher.	○	○	○
5 Meine Arbeitszeiten gefallen mir nicht.	○	○	○
6 Meine Freunde machen viel ohne mich. Ich bin zu müde.	○	○	○

Das wünsche ich mir!

Freizeit? Das ist für mich wie ein Fremdwort. Ich bin Sekretärin und arbeite jeden Tag von 8.30 bis 17.30 Uhr. Auf dem Weg nach Hause hole ich meine Tochter vom Kindergarten ab. Zu Hause koche ich, wir essen und dann bringe ich meine Tochter ins Bett. Ich würde gern mal wieder abends mit Freunden
5 ausgehen, aber ich muss jeden Morgen sehr früh aufstehen. Ich hätte gern mal zwei oder drei Monate Urlaub. Dann würde ich jeden Tag ausschlafen und wäre nicht mehr so müde. Ich würde viel Zeit mit meiner Tochter verbringen. Denn auch an den Wochenenden habe ich einfach nicht genug Zeit: Ich muss einkaufen, sauber machen und Wäsche waschen.

Barbara Schmidt

10 Seit drei Monaten arbeite ich als Kellner in Deutschland. Weil ich noch neu in diesem Job bin und keine Frau und Kinder habe, muss ich die ersten sechs Monate immer an den Wochenenden arbeiten. Das gefällt mir gar nicht. Meine Freunde unternehmen viele schöne Dinge und ich kann nie mit. Ich hätte gern mal wieder ein Wochenende frei. Dann würde ich meine Freunde einladen und
15 vielleicht in ein Konzert gehen. Das wäre toll.

Lorenzo Martelli

Ich studiere Medizin und lerne gerade für meine Prüfungen. Jeden Tag sitze ich von früh bis spät zu Hause und lerne. Draußen ist Sommer und die Sonne scheint. Da wäre ich viel lieber im Schwimmbad oder an einem See. Aber ich muss lernen. Und abends, wenn meine Freunde anrufen und fragen: „Möchtest
20 du etwas unternehmen?", bin ich zu müde. Ich würde gern mit ihnen im Park grillen. Aber das geht nicht. Ach, gerade wäre ich gern wieder 18 Jahre alt und würde lieber wieder in die Schule gehen. Das war viel einfacher.

Agnieszka Nowak

b Lesen Sie die Texte noch einmal. Notieren Sie drei Wünsche von einer Person auf einem Zettel.

> 1 mal wieder abends mit Freunden ausgehen ...

c Geben Sie den Zettel Ihrer Partnerin / Ihrem Partner. Sie/Er sagt: Wer von den Personen wünscht sich das?

> Barbara würde gern mal wieder abends mit Freunden ausgehen. Sie hätte gern ...

A4 Wünsche raten

a Notieren Sie drei Wünsche auf einem Zettel.

– Wo wären Sie jetzt gern?
– Was hätten Sie gern?
– Was würden Sie gern mal machen/lernen?

> Ich wäre jetzt gern am Meer.
> Ich hätte gern viel Geld.
> Ich würde gern Gitarre spielen.

Wo?	Was?	Machen/Lernen?
am Meer	viel Geld	Gitarre spielen
in meiner Heimat	einen Hund	Motorrad fahren
...	...	...

b Mischen Sie die Zettel und verteilen Sie sie neu. Lesen Sie vor. Die anderen raten: Wer hat diese Wünsche?

B Trotzdem habe ich gewonnen.

B1 Was passt? Wissen Sie es noch? Verbinden Sie.

a Eva hat keine Zeit.
b Betty hat beide Wörter gewusst.
c Tim muss lernen.

Trotzdem spielt er mit Betty und Paul.
Trotzdem hat Paul gewonnen.
Sie soll trotzdem reinkommen.

| Eva hat keine Zeit. | Sie soll trotzdem reinkommen.
Trotzdem soll sie reinkommen. |

B2 Spielen Sie Gespräche.

Radtour machen   schwimmen gehen   auf den Flohmarkt gehen   arbeiten   ...

◆ Was machst du denn heute?
○ Ich mache eine Radtour.
◆ Aber du bist doch erkältet!
○ Na und? Ich mache trotzdem eine Radtour.

B3 Was soll Niki tun? Was tut er wirklich? Sprechen Sie.

> Niki soll nicht so lange schlafen. Trotzdem bleibt er bis 10 Uhr im Bett.

Lieber Niki,

ich komme erst gegen 22 Uhr zurück.

Bitte nicht vergessen:
— Schlaf nicht so lange.
— Üb am Vormittag mit Tim Englisch.
— Iss mittags nichts Süßes.
— Mach am Nachmittag ein bisschen Sport.
— Leg Dein Handy auch mal weg!

♡ Mama

bis 10 Uhr im Bett bleiben

viel Kuchen essen

ständig mit Freunden chatten

spielen

auf dem Sofa liegen und fernsehen

🔁 B4 Kettenspiel: Was machen Sie trotzdem?

Lesen Sie das Beispiel und finden Sie mit Ihrer Partnerin / Ihrem Partner passende Sätze mit *trotzdem*.

> Morgen habe ich eine Prüfung.
> Trotzdem lerne ich nicht.

> Ich lerne nicht.
> Trotzdem kann ich alle Wörter.

> Ich kann alle Wörter. Trotzdem mache ich viele Fehler.

C1 Welche Vorschläge machen Tim und Paul? Wissen Sie es noch? Kreuzen Sie an.

A

Wir könnten …
○ zusammen lernen.
○ Scharade spielen.

ich	könnte	
du	könntest	… spielen
wir/Sie	könnten	

B

Eva, du könntest …
○ reinkommen und mitmachen.
○ die Spülmaschine reparieren.

4 ◀) 9–11 **C2 Pläne**

a Was ist richtig? Hören Sie drei Gespräche und kreuzen Sie an.

1 ○ Bettina möchte nicht ins Kino gehen.
2 ○ Andreas hat Sabine schon lange nicht mehr angerufen.
3 ○ Andreas freut sich, dass seine Eltern kommen.

b Wer sagt was zu wem? Hören Sie noch einmal und verbinden Sie.

               Wir könnten essen gehen.

1 Andreas   Wir könnten uns ja mal wieder treffen.   Andreas
2 Bettina   Wir könnten doch am Samstag zusammen frühstücken. Bettina
3 Sabine   Wir könnten ins Kino gehen.   Sabine
4 Gertrud   Ihr könntet aber auch einfach eine Stadtrundfahrt machen. Gertrud
               Wir könnten doch mal wieder etwas zusammen unternehmen.

⇄ **C3 Ihre Wochenendpläne**

a Ordnen Sie zu.

   ◯ Schade, das geht leider nicht. ◯ Gute Idee. Das machen wir! ◯ Ich habe leider keine Zeit.
   ◯ Einverstanden. ◯ Ja, das geht bei mir. *1* Ich würde gern … Hast du Lust? ◯ In Ordnung.
   ◯ Da kann ich leider nicht. Aber …

1 Vorschläge machen	Wir könnten am Samstag / … (mal wieder) … / Wie wäre es mit …?

2 positiv reagieren ☺	**3 negativ reagieren** ☹
Ja, gern. / Ich komme / mache gern mit.	Tut mir leid, aber …
Warum nicht?	Ich würde gern kommen / mitmachen, aber …
Um wie viel Uhr …? / Wann …? / Dann bis …	Ich würde eigentlich lieber …

b Arbeiten Sie zu zweit. Machen Sie Vorschläge und reagieren Sie.

◆ Wir könnten am Samstag ein Fußballspiel ansehen.
○ Ich würde eigentlich lieber einkaufen gehen. Hast du Lust?
◆ Warum nicht? Wann sollen wir uns treffen?
○ …

> am Samstag
> ein Fußballspiel ansehen
> gemeinsam einkaufen gehen
> in eine Bar gehen
> …

D Wochenendaktivitäten und Veranstaltungen

D1 Was kann man am Wochenende unternehmen? Sammeln Sie.

- **Kultur**
  - die Oper
  - das Museum
- **Stadt**
  - die Stadt besser kennenlernen
  - eine Rundfahrt machen
- **Natur**
  - draußen grillen
- **(Haus-)Arbeit**
  - die Wohnung putzen
  - bügeln

am Wochenende

- **Freunde / Familie**
  - mit Freunden etwas unternehmen
  - zu ... gehen
- **Zu Hause**
  - nichts tun
  - lange schlafen

D2 Wählen Sie aus Ihren Ideen in D1 drei Aktivitäten aus.

Wann machen Sie das am Wochenende? Fragen Sie und antworten Sie.

- ◆ Was machst du gern am Freitagabend?
- ◆ Wofür nimmst du dir am Samstag Zeit?
- ◆ Und am Sonntag, was machst du da?

- ○ Am Freitagabend ... ich gern ....
- ○ Am Samstag ... ich am liebsten ...
- ○ Am Sonntag ... ich oft ...

D3 Veranstaltungskalender

Wann finden welche Veranstaltungen statt? Lesen Sie und ordnen Sie zu.
Markieren Sie dann: Wo? und Wann?

~~Spaziergang~~ Konzerte
Kurse Sport

Donnerstag	Freitag	Samstag	Sonntag
			Spaziergang

VERANSTALTUNGSKALENDER

Do 24.08.

Skate-Night
So haben Sie Ihre Stadt
noch nie erlebt! Von 21
bis 23 Uhr ist die Ring-
straße rund ums Zentrum
nur für Inlineskater frei.
Treffpunkt: Rathaus.
Teilnahme kostenfrei.

Fr 25.08.

Lange Nacht der Musik
Von 20 bis 3 Uhr
Mehr als 100 Musikerinnen
und Musiker treten auf:
Von Soul über Jazz bis
hin zu Rock und Pop ist
für alle etwas dabei.
Tickets: 20 €; Ermäßigung: 16 €; das Ticket gilt
auch als Fahrkarte für alle Busse und Bahnen.

Sa 26.08.

Tag der offenen Tür
in der Volkshochschule,
10 bis 18 Uhr.
Sie interessieren sich für
Politik, Gesundheit, Foto-
grafie, Literatur oder Spra-
chen? Bei unserem Tag der offenen Tür können Sie
mehr zu diesen Themen erfahren. Keine Anmeldung
erforderlich. Jetzt einschreiben fürs Herbstsemester!

So 27.08.

Kräuterwanderung
Gesunde Kräuter für Tees,
Salate, Suppen, ... finden
Sie überall in der Natur.
Auf dieser zweistündigen
Wanderung bekommen Sie
viele Informationen rund um das Thema Wildkräuter.
Treffpunkt: 11 Uhr am Waldparkplatz; Teilnahme-
gebühr: 20 €, Anmeldung unter 0171/55 6376

SCHON FERTIG? Und was machen Sie am Wochenende?
Schreiben Sie Ihren Veranstaltungskalender.

E1 Lesen Sie die Anzeigen. An welchen Wochentagen sind die Veranstaltungen? Notieren Sie.

A **Kino im Ziegenstall**

Schillerstraße 12 | www.kinoimziegenstall.de
Neu im Programm: Kinderkino –
jeden Donnerstag, Freitag und Sonntag.
Tolle Filme zum halben Preis!
Die Sommerpause ist zu Ende! Endlich
wieder Kino für alle Film-Fans.

B **Insel-Fest**
für Groß und Klein!
Samstag, 12. Juni
30 Straßenkünstlerinnen
und -künstler aus ganz
Europa zeigen ihr Können.

C **NICHT VERPASSEN!**

Großer Theresien-Flohmarkt
Wann?   Samstag und Sonntag, 19. und
        20. August
Wo?   Burgstraße 45
Neu: großer Bereich für Kinder und
        Familien – Spielzeug, Kinder-
        und Babykleidung, Bücher, CDs
        und vieles mehr

D **TECHNIK-MUSEUM**
Die Renovierung ist
abgeschlossen.
Wir feiern
Wiedereröffnung
am Montag, 7. Mai.
Neue Abteilung zu
Luft- und Raumfahrt
365 Tage im Jahr geöffnet!

Anzeige	A	B	C	D
Tag	Donnerstag, Freitag, ...			
Uhrzeit	15.00 Uhr			

4 ◀)) 12–15 **E2** **Veranstaltungstipps**

a Hören Sie vier Tipps im Radio. Ergänzen Sie die Uhrzeiten in E1.

b Hören Sie die Tipps noch einmal. Was ist richtig? Kreuzen Sie an.

A ☒ Kinder bis 12 bekommen Ermäßigung.
○ Nur Wochentags gibt es ein Programm
für Kinder.
B ○ Das Fest findet im Zentrum statt.
○ Es gibt kostenlose Parkplätze.

C ○ Der Theresien-Flohmarkt findet zum
ersten Mal statt.
○ Man soll früh zum Flohmarkt kommen.
D ○ Das Museum war ein Jahr lang geschlossen.
○ Man kann dem Radiosender schreiben
und Eintrittskarten gewinnen.

E3 Machen Sie ein Plakat zu
einem „Tag der offenen Tür"
in Ihrer Sprachenschule.

Tag der offenen Tür!
Wann? Am 28.11. von 9 bis 20 Uhr
Eintritt frei!

Programm:
9.00 Uhr: Begrüßung durch den Schulleiter
...

Grammatik und Kommunikation

Grammatik

1 Konjunktiv II: Konjugation ÜG 5.17

ich	wäre	ich	hätte
du	wär(e)st	du	hättest
er/es/sie	wäre	er/es/sie	hätte
wir	wären	wir	hätten
ihr	wär(e)t	ihr	hättet
sie/Sie	wären	sie/Sie	hätten

ich	würde	
du	würdest	
er/es/sie	würde	... spielen
wir	würden	
ihr	würdet	
sie/Sie	würden	

ich	könnte	
du	könntest	
er/es/sie	könnte	... spielen
wir	könnten	
ihr	könntet	
sie/Sie	könnten	

2 Konjunktiv II: Wunsch ÜG 5.17

Ich	wäre	gern	am Meer.	
Sie	hätte	gern	viel Geld.	
Wir	würden	gern	Gitarre	spielen.

3 Konjunktiv II: Vorschlag ÜG 5.17

Du	könntest	ins Kino gehen.
Wir	könnten	

4 Verbindungsadverb: *trotzdem* ÜG 10.05

		Position 2	
Eva hat keine Zeit.	Trotzdem	soll	sie reinkommen.
	Sie	soll	trotzdem reinkommen.

Schreiben Sie drei Wünsche.

> sein: Ich wäre gern ...
> haben:
> gern machen:

Mehr Spaß im Kurs. Was könnten Sie machen? Schreiben Sie..

in der Pause Kuchen essen
längere Pausen
weniger Hausaufgaben
ein Café aufmachen
deutsche Musik hören ...

> Wir könnten in der Pause Kuchen essen.
> Wir könnten ...

Was machen Sie trotzdem? Schreiben Sie.
Es sind –20 °C.
Trotzdem _____

_____

Meine Wohnung ist zu klein.
Trotzdem _____

Ich habe kein Geld.
Trotzdem _____

Kommunikation

ÜBER WÜNSCHE SPRECHEN: Ich wäre jetzt gern am Meer.

Wo wären Sie jetzt gern?	*Ich wäre jetzt gern am Meer.*
Was hätten Sie gern?	*Ich hätte gern viel Geld.*
Was würden Sie gern machen/lernen?	*Ich würde gern Gitarre spielen.*

VORSCHLÄGE MACHEN UND ÜBER PLÄNE SPRECHEN: Hast du Lust?

Wir könnten am Samstag /... (mal wieder) ...
Wie wäre es mit ...?
Ich würde gern ... Hast du Lust?
Was machst du gern am Freitagabend?
Wofür nimmst du dir am Samstag Zeit?
Und am Sonntag, was machst du da?

EINEN VORSCHLAG ANNEHMEN: Gute Idee.

Ja, gern. | Warum nicht? | Um wieviel Uhr ...? | Wann ...?
Einverstanden. | Ja, das geht bei mir.
Gute Idee. Das machen wir! | In Ordnung. | Dann bis ...
Ich komme/mache gern mit.

EINEN VORSCHLAG ABLEHNEN UND BEDAUERN AUSDRÜCKEN: Schade, ...

Schade, das geht leider nicht.
Tut mir leid, aber ...
Ich würde gern kommen/mitmachen, aber ...
Da kann ich leider nicht. Aber ...
Ich habe leider keine Zeit.
Ich würde eigentlich lieber ...

Was würden die Personen gern machen?

> Der Abend ist so schön. Ich würde gern ...

Antworten Sie.
Kommst du zu Antons Geburtstagsfeier?
Gehst du mit zum Filmfest?

> Tut mir leid, aber ...

Sie möchten noch mehr üben?

 4 | 16–18
AUDIO-TRAINING

 VIDEO-TRAINING

Lernziele

Ich kann jetzt ...

A ... Wünsche ausdrücken: *Sie hätte gern mehr Freizeit.* _____ ☺ ☻ ☹
B ... Gegensätze ausdrücken:
   Ich mache trotzdem eine Radtour. _____ ☺ ☻ ☹
C ... Vorschläge machen: *Wir könnten ein Fußballspiel ansehen.*
   Hast du Lust? _____ ☺ ☻ ☹
D ... über Wochenendaktivitäten sprechen: *Was machst du gern am*
   Samstagabend? _____ ☺ ☻ ☹
E ... Veranstaltungstipps verstehen: *Neu im Programm: Kinderkino* _____ ☺ ☻ ☹

Ich kenne jetzt ...

... 5 Freizeitaktivitäten:
eine Radtour machen, ...

... 5 Wörter zum Thema
Veranstaltungen und Kurse:
die Teilnahme, ...

FILM

Der Freizeit-Killer

1 Wunsch und Wirklichkeit: Sehen Sie die Fotos an. Was meinen Sie? Was würde der Mann am Wochenende gern machen? Was muss er in Wirklichkeit tun? Ordnen Sie zu.

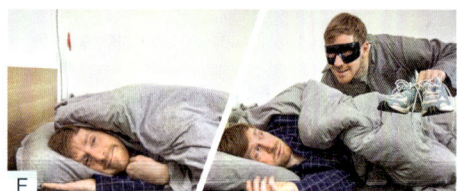

Er würde gern ...   Aber er muss ...

1 ◯ tanzen gehen.   Hemden bügeln.
2 ◯ kochen.   den Schrank reparieren.
3 ◯ lange ausschlafen.   Morgensport machen.
4 ◯ spazieren gehen.   das Auto waschen.
5 Ⓐ frühstücken.   einkaufen.
6 ◯ in den Biergarten gehen. den Keller putzen.

2 Sehen Sie den Film an und vergleichen Sie.

3 Ihr Wochenende: Was würden Sie gern machen? Was müssen Sie machen? Erzählen Sie.

> *Ich würde samstags gern lange ausschlafen, aber ich muss früh aufstehen und den Haushalt machen.*

SPIEL

Wenn ich mir etwas wünschen könnte, dann ...

Wählen Sie eine von drei Aufgaben:
Spielen Sie pantomimisch vor.
Wer errät Ihren Wunsch am schnellsten?

1 „Dieses Ding hätte ich gern."
2 „Das würde ich gern perfekt können."
3 „Diesen berühmten Menschen würde
   ich gern mal treffen."

> *Das würde ich gern perfekt können.*

> *Ah! Ich weiß es! Du würdest gern Gitarre spielen.*

Der siebte Tag

Sechs Tage lang hat Gott gearbeitet, dann war die Welt fertig. Am Tag danach hat er Pause gemacht. In Europa ist der Sonntag dieser siebte Tag. Der Sonntag ist ein Ruhetag, an dem die meisten Menschen nicht arbeiten. Vor hundert Jahren sind noch fast alle Menschen am Sonntag in die Kirche gegangen. Heute machen das nur noch wenige. Aber ein paar
5 zusammengesetzte deutsche Wörter zeigen: Der Sonntag ist immer noch ein besonderer Tag.

Sonntag

○ „Sonntagsbraten"

Früher konnten nur reiche Leute oft Fleisch essen. Für die meisten Menschen war es viel zu teuer. Wenn sie mal Fleisch hatten, dann
10 nur am Sonntag: einen Sonntagsbraten.

Ⓔ „Sonntagssachen"

Früher hatten die meisten Menschen sehr einfache Kleidung. Nur für den Kirchgang am Sonntag und für besondere Feste hatte
15 man die Sonntagssachen: die Männer oft einen Sonntagsanzug und die Frauen ein Sonntagskleid.

○ „Sonntagsspaziergang"

Früher hat die ganze Familie einen gemein-
20 samen Sonntagsspaziergang gemacht, meistens am Sonntagnachmittag.

○ „Sonntagsruhe"

Bis heute bleiben am Sonntag die meisten Geschäfte geschlossen und man darf
25 auch keine lauten Arbeiten machen. Wer die Sonntagsruhe stört, kann Ärger mit der Polizei bekommen.

○ Der „Sonntagsfahrer"

So nennt man einen unsicheren, unge-
30 übten Autofahrer. Der kann es nicht, der hat keine Übung, denkt man. Wahrschein-lich fährt er nur sonntags ein bisschen spazieren.

1 Lesen Sie den Text und ordnen Sie die Fotos den Texten zu.

A

B

C

D

E

2 Was machen Sie am Sonntag? Erzählen Sie.

a Was essen Sie sonntags? Gibt es bei Ihnen ein spezielles Essen für Sonntage oder Feiertage?

b Wann ziehen Sie sich besonders schön an? Was ziehen Sie dann an?

c Wie sieht Ihr „perfekter Sonntag" aus? Machen Sie auch einen Spaziergang?

d Wo gehen Sie hin, wenn Sie sonntags etwas einkaufen möchten?

e Hatten Sie schon mal Stress mit Ihrem Nachbarn wegen der „Sonntagsruhe"?

f Haben Sie sich schon mal über einen „Sonntagsfahrer" oder eine „Sonntagsfahrerin" geärgert?

Meine Sachen

Folge 9: Schauen wir mal ...

1 Sehen Sie die Fotos an.

a Wo sind Tim und Sandra?

Foto 1, 7, 8: _____

Foto 2: _____

Foto 3–6: _____

4 ◀)) 19–26

b Was meinen Sie? Wer möchte die Wohnung neu einrichten? Tim oder Sandra?
Wer soll wen beraten? Hören Sie dann und vergleichen Sie.

2 Was kauft Tim im Möbelladen?

a Sehen Sie die Fotos 3–6 an und zeigen Sie.

- das Poster • der Kerzenständer • die Kerze • die Plastiktischdecke
- der Wandteppich • die Saftgläser

b Wie gefallen Ihnen diese Sachen?

> *Das Poster ist ganz schön, finde ich.*

> *Hm. Ich finde es scheußlich.*

4 ◀)) 19–26 **3 Erzählen Sie die Geschichte mit Ihren Worten.**
Hören Sie dann noch einmal und vergleichen Sie.

Sandra möchte ...
Tim soll ...
Im Möbelgeschäft kauft Tim ...
Er findet die Sachen ... und sehr billig.
Er sagt: „Heute ist ein richtig guter Einkaufstag."
Sandra gefallen die Sachen ...
Nach dem Einkauf gehen Tim und Sandra ... und trinken ...
Da fällt Tim ein: Er muss ... und sich schnell umziehen.
Aber nächste Woche will er mit Sandra ...

Sandra möchte Sachen für ihre Wohnung kaufen.

Tims Film

A Das ist ja eine **tolle** Wohnung!

4 ◀)) 27 **A1 Hören Sie und ergänzen Sie.**

a

◆ Wow! Du, das ist ja eine toll*e* Wohnung! Was brauchst du hier denn noch?

○ Och, ich weiß nicht. Ein toll_____ Kerzenständer wäre schön, ein paar bunt_____
Kerzen vielleicht, ein interessant_____ Bild, … so was, verstehst du?

b

◆ Guck mal hier: Das sind ja toll_____ Saftgläser! Sechs Stück kosten 8 Euro 99.

○ Jaja.

c

◆ Was ist besser: Eine groß_____ Kerze
oder zwei kleine? Was meinst du, Sandra?

○ Tja, ich weiß nicht. …

A2 Spielen Sie Gespräche.

◆ Schau mal, hier: Das ist ja eine tolle Tasche!

○ Tja, ich weiß nicht.

• der Kerzenständer	ein **toll**er Kerzenständer
• das Bild	ein interessant**es** Bild
• die Kerze	eine groß**e** Kerze
• die Saftgläser	– toll**e** Saftgläser

auch so nach: mein-, kein-;
aber: ⚠ meine/keine toll**en** Saftgläser

• die Tasche • der Bikini
• die Kamera • der Bildschirm
• die Brieftasche • das Feuerzeug

billig teuer schön hübsch toll
praktisch interessant gut …

⎡ *Tja, ich weiß nicht. / Hm, findest du?*
⎢ *Ja, wirklich? / Bist du sicher?*
⎣ *Na ja, geht so. / Also, ich weiß nicht …*

A3 Was ist Ihnen wichtig?

a Ergänzen Sie die Endungen.

	… ist/sind mir wichtig		… ist/sind mir nicht so wichtig	
	Ich	Meine Partnerin / Mein Partner	Ich	Meine Partnerin / Mein Partner
• zuverlässig*e* Freunde	○	○	○	○
• ein gut_____ Deutschlehrer	○	○	○	○
• eine hübsch_____ Wohnung	○	○	○	○
• ein interessant_____ Beruf	○	○	○	○
• eine gut_____ Ausbildung	○	○	○	○
• ein gut_____ Verdienst	○	○	○	○
• lang_____ Reisen	○	○	○	○
• ein teur_____ Handy	○	○	○	○

b Kreuzen Sie in a an und sprechen Sie mit Ihrer Partnerin / Ihrem Partner.

◆ Mir sind zuverlässige Freunde sehr wichtig. Und dir?

○ Die sind mir auch wichtig. Ein interessanter Beruf ist mir auch wichtig. Dir auch?

◆ Ja, der ist mir auch wichtig. Wie wichtig ist dir …?

○ … ist mir überhaupt nicht wichtig.

B Wohin gehst du? In einen **neuen** Laden?

9

B1 Lesen Sie und markieren Sie wie im Beispiel.
Ergänzen Sie dann die Tabelle.

a Wohin gehst du? In einen neuen Laden?
b Ich habe schon schöne Gläser.
c Kerzen machen so ein schönes Licht!
d Hier, guck mal: Ist das nicht ein hübsches
Poster? – Ja, ganz nett. Aber es passt nicht
zu meinen braunen Möbeln.

Ich gehe in … Ich habe …	• einen _neuen_ Laden
	• ein _____ Licht
	• eine schöne Wohnung
	• – _____ / braune Möbel/Gläser

auch so nach: mein-, dein-, kein-;
aber: ⚠ meine/keine braunen Möbel

mit/bei/ in/zu/…	• einem neuen Laden
	• einem schönen Licht
	• einer schönen Wohnung
	• – _____ / schönen Möbeln/Gläsern

B2 Online-Auktionen
Lesen Sie die Anzeigen und ergänzen Sie.

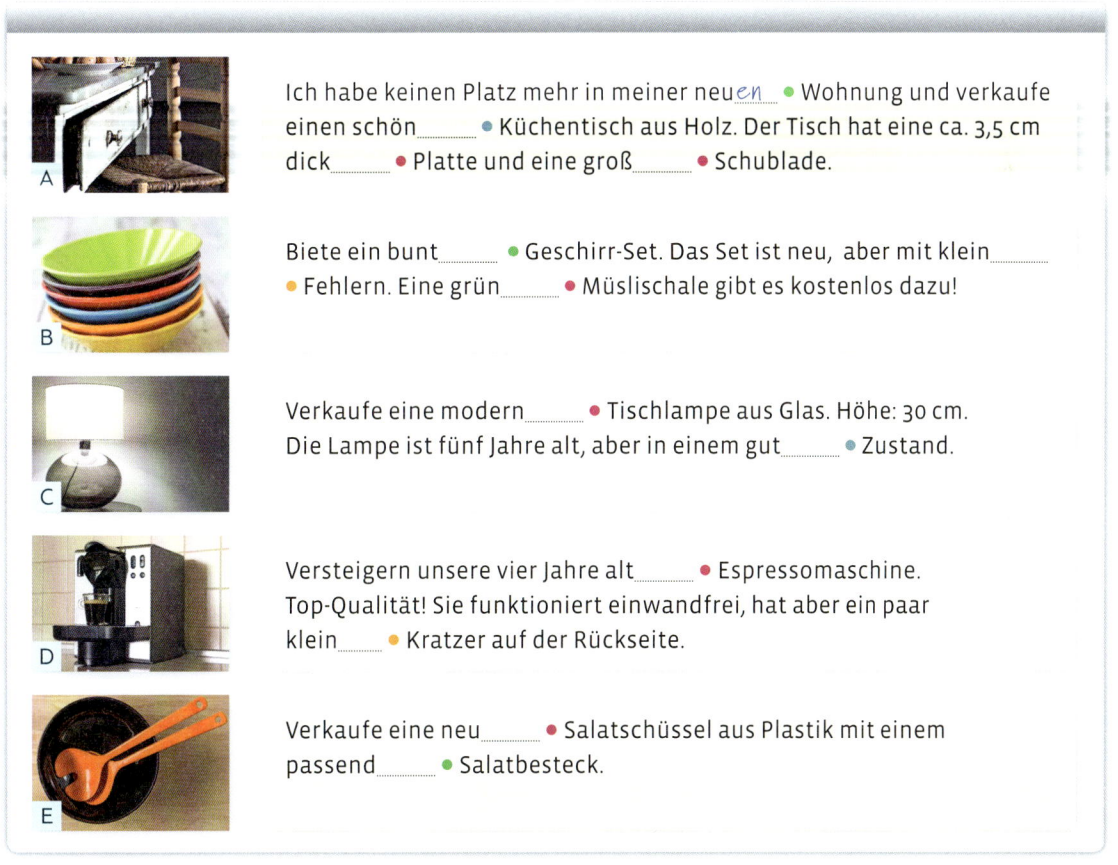

A Ich habe keinen Platz mehr in meiner neuen Wohnung und verkaufe
einen schön_____ Küchentisch aus Holz. Der Tisch hat eine ca. 3,5 cm
dick_____ Platte und eine groß_____ Schublade.

B Biete ein bunt_____ Geschirr-Set. Das Set ist neu, aber mit klein_____
Fehlern. Eine grün_____ Müslischale gibt es kostenlos dazu!

C Verkaufe eine modern_____ Tischlampe aus Glas. Höhe: 30 cm.
Die Lampe ist fünf Jahre alt, aber in einem gut_____ Zustand.

D Versteigern unsere vier Jahre alt_____ Espressomaschine.
Top-Qualität! Sie funktioniert einwandfrei, hat aber ein paar
klein_____ Kratzer auf der Rückseite.

E Verkaufe eine neu_____ Salatschüssel aus Plastik mit einem
passend_____ Salatbesteck.

aus Holz /Glas /Plastik /Metall /Stoff /…

B3 Eine Auktion

Was möchten Sie verkaufen? Schreiben Sie eine Anzeige wie in B2. Lesen Sie Ihr Angebot
dann im Kurs vor. Wer möchte das kaufen? Wer bietet am meisten?

◆ Ich brauche ein Fahrrad. Ich biete 8 Euro.
○ Das Fahrrad ist schön. Ich biete 10 Euro.
▲ Das Fahrrad gefällt mir auch sehr gut, ich biete 12 Euro.
▫ Gut, dann bekommt Zarina das Fahrrad für 12 Euro.

*Verkaufe mein zwei Jahre
altes Fahrrad. Es ist/hat …*

C Am schönsten finde ich den Teppich.

C1 schön – schöner – am schönsten

a Lesen Sie die Nachrichten: Was findet Tim schön, was findet er noch schöner? Was findet er am schönsten? Sprechen Sie.

> Tim findet den Kerzenständer schön.

Hi Lara, schau mal, ich habe heute eingekauft. Der Kerzenständer ist doch schön, oder?

SCHÖN!? Na ja, er ist ziemlich hoch.

Noch **schöner** finde ich aber die Tischdecke!

Na ja. Die ist aber sehr groß!

Und **am schönsten** finde ich den Teppich!

Ja, den finde ich auch am interessantesten. 🙂
Sag mal, hast du allein eingekauft?

Allein? Nein, ich war mit Sandra einkaufen. Leider konnten wir nicht lange in dem Laden bleiben, weil ich arbeiten musste. 😟

Oh nein, schade! Wie dumm! 🙂

Und was noch dümmer ist: Ein Gast kommt. Ich kann nicht weiterschreiben. 😟

b Markieren Sie in a wie im Beispiel. Ergänzen Sie dann die Tabelle.

+	++ -er	+++ am ...-sten
schön	schöner	am schönsten
interessant	interessanter	
⚠	größer	am größten
⚠ _____/lang	länger	am längsten
⚠		am dümmsten
⚠	höher	am höchsten

C2 Spielen Sie Gespräche.

- ● Koffer / ● Rucksack – praktisch
- ● Handy / ● Tablet – toll ● Mütze / ● Hut 👒 – modern
- ● Konzertticket / ● Theaterticket – interessant
- ● Liebesroman 📕 / ● Krimi 📗 – spannend

◆ Was soll ich Peter denn zum Geburtstag schenken? Was meinst du? Einen Koffer vielleicht?

○ Also, ich finde einen Rucksack praktischer als einen Koffer.

C3 Dorina hat viele Interessen.

a Was mag sie? Was macht sie gern/lieber ...? Sprechen Sie.

Ausgehen:	Theater ++	Kino ++	Fußballstadion +++
Musik:	Jazz +	Rock ++	Hip-Hop +++
Sport:	Tischtennis +	Tennis ++	Fußball ++
Essen:	Pizza +	Salat ++	Pudding +++
Städte:	London +	Prag ++	Istanbul +++

... schöner als ...   ≠

... (genau)so gern wie ...   =

> Dorina geht genauso gern ins Kino wie ins Theater.

> Sie mag Rockmusik lieber als Jazz. Am liebsten mag sie Hip-Hop.

b Dorina hat Geburtstag. Was schenken Sie ihr? Sie haben 40 Euro. Arbeiten Sie zu dritt. Wählen Sie mindestens drei verschiedene Dinge aus dem Schaufenster und sprechen Sie.

- ◆ Also, ich schlage vor, wir kaufen eine Karte fürs Kino.
- ○ Aber sie geht doch lieber ins Stadion. Und ein Fußballticket ist nur zwei Euro teurer als eine Kinokarte.
- ▲ Ja, und einen Musikgutschein finde ich auch gut. Sie mag am liebsten Hip-Hop.
- ◆ Ja, genau. Und sie mag ...

> **SCHON FERTIG?** Was mögen Sie gern/ lieber/am liebsten? Schreiben Sie.

C4 Im Kurs: Machen Sie ein „Plakat der Superlative".
Finden Sie weitere Fragen.

Wer ist ... (groß/jung)?   Wer ist ... (lange) verheiratet?   Wer wohnt ... (weit) entfernt?
Wer kocht ... (häufig) selbst?   Wer fährt ... (lange) zum Deutschkurs?   ...

- ◆ Wer fährt am längsten zum Kurs? Amir, brauchst du nicht eine Stunde?
- ○ Ja, aber ich glaube, Milena fährt noch länger.
- ▲ Ja, das stimmt, ich fahre eine Stunde und 20 Minuten.

Wer fährt am längsten zum Kurs? Milena: 1:20 Stunden

D Interviews im Radio

D1 Was meinen Sie: Wofür geben die Leute in Deutschland am meisten Geld aus?

Ergänzen Sie die Statistik. Vergleichen Sie im Kurs und mit den Ergebnissen auf Seite 115.

Körper und Gesundheit   Miete   Versicherungen   Kleidung   Nahrungsmittel

Ich glaube, auf Platz 3 ist/sind …

So viel Geld geben die Deutschen aus (monatliche Konsumausgaben privater Haushalte in Prozent):

1 _____	34,5 %
2 Auto	12,6 %
3 _____	12,2 %
4 Unterhaltung (Urlaub, Kultur, Freizeit …)	10,6 %
5 _____	5,9 %
6 Möbel und Haushaltsgeräte	5,5 %
7 _____	4,6 %
8 _____	4,2 %
9 Kommunikation (Internet, Telefon …)	2,5 %
10 Tabak und alkoholische Getränke	1,7 %

4 ◀)) 28–31 D2 Wofür geben die Personen ihr Geld aus?

Hören Sie die Interviews und kreuzen Sie an.

a
Sie gibt ihr Geld am liebsten … aus.
○ für Kleidung
○ im Internet
○ für Lebensmittel

b
Er gibt am meisten für … aus.
○ seine Kinder
○ den Urlaub
○ Miete, Auto, Versicherung, Gas

c
Sie müssen einen Kredit für …
aufnehmen.
○ ein neues Auto
○ einen langen Urlaub
○ eine eigene Wohnung

d
Was ist ihr am wichtigsten?
○ Urlaub
○ ihre Enkel
○ ihr Auto

⇄ D3 Wofür geben Sie Ihr Geld aus?

Sprechen Sie mit Ihrer Partnerin / Ihrem Partner.

Lebensmittel   Urlaub   Kleidung   Elektrogeräte   Miete/Wohnung   Auto   …

Am meisten gebe ich für meine Miete aus. Und du?

Ja, ich auch. Aber am liebsten gebe ich Geld für … aus.

SCHON FERTIG? Wofür geben Sie nicht gern Geld aus?

Am meisten / Sehr viel gebe ich für … aus. | Ich kaufe am liebsten … | Ich gebe (nicht) viel Geld für … aus. | Das ist mir wichtig. / nicht wichtig. / Da spare ich (nicht).

E1 Drei von meinen Sachen

a Lesen Sie nur die Einleitung und die Überschriften im Text in b. Was meinen Sie? Von wem hat Valentina die Sachen bekommen? Lesen Sie dann den ganzen Text und vergleichen Sie.

b Lesen Sie den Text noch einmal. Schreiben Sie zu zweit sechs Sätze. Zwei Sätze sind falsch. Tauschen Sie die Sätze mit einem anderen Paar und korrigieren Sie die falschen Sätze.

1 Die Tänzerin ist aus ~~Holz~~.
... Porzellan

Drei von meinen Sachen

Haben Sie zu Hause auch so viele Sachen? Manche erinnern uns an etwas, sie erzählen eine Geschichte. Es können ganz unterschiedliche Erinnerungen sein: lustige, traurige oder schöne.

Valentina May ist 28 Jahre alt, in Triest geboren und lebt jetzt in Hamburg. Sie zeigt drei von ihren Sachen und erzählt uns auch die Geschichten dazu.

5 **Die finde ich am hässlichsten …**
Diese Tänzerin aus Porzellan hat mir meine Tante zum 18. Geburtstag geschenkt. „Das ist ein altes und sehr
10 teures Kunstwerk", hat sie gesagt. Mein erster Gedanke war: Oje, ist die hässlich! Ich wollte aber meiner Tante nicht wehtun, also habe ich die Tänzerin ins Regal gestellt. Da steht
15 sie immer noch, denn meine Tante sieht bei jedem Besuch nach: Steht ihr „wertvolles" Geschenk noch da?

… die ist am schönsten …
Den kleinen Harlekin hat
20 mein Neffe Ernesto für mich gemacht. Das war vor fünf Jahren. Damals ist es mir ziemlich schlecht gegangen. Ich war arbeitslos und
25 hatte Probleme mit meiner Gesundheit. Eines Tages hat mir Ernesto diesen Harlekin geschenkt. „Der ist für dich", hat er gesagt. „Er ist ganz lieb zu dir und deshalb musst du jetzt mal wieder lachen." Ist das nicht süß?

30 **… und die finde ich am lustigsten.**
Den grünen Drachen hat mir Alexander geschenkt. Das war bei
35 unserem zweiten Treffen. Wir sitzen in einem Restaurant und plötzlich stellt er diesen Drachen neben meinen Teller und sagt: „Drachen bringen Glück." Später, zu
40 Hause, sehe ich mir den Drachen noch einmal an und da sehe ich ein Papier in seinem Mund. Darauf steht: „Hallo Valentina! Ich glaube, Alexander liebt Dich." Ich habe den Zettel wieder reingesteckt. Er ist heute noch
45 drin.

arbeitslos = ohne Arbeit

E2 Welche von Ihren Sachen finden Sie besonders hässlich, schön oder lustig?
Bringen Sie die Sachen mit oder zeigen Sie ein Foto. Erzählen Sie im Kurs.

– Wie oder von wem haben Sie die Sache bekommen?
– Warum finden Sie sie hässlich, schön oder lustig?

Diesen/Dieses/Diese … habe ich von … bekommen. / habe ich in … gekauft.
… hat mir … geschenkt.
… ist mir besonders wichtig, weil …
… gefällt mir so gut / gar nicht, denn …
Er/Es/Sie …, deshalb mag ich ihn/es/sie so gern.

Grammatik und Kommunikation

Grammatik

1 Adjektivdeklination: indefiniter Artikel ⓤ 4.01

Nominativ		Akkusativ		Dativ	
● ein	neu**er** Laden	● einen	neu**en** Laden	● einem	neu**en** Laden
● ein	schön**es** Licht	● ein	schön**es** Licht	● einem	schön**en** Licht
● eine schön**e**	Wohnung	● eine	schön**e** Wohnung	● einer	schön**en** Wohnung
● –	braun**e** Möbel	● –	braun**e** Möbel	● –	braun**en** Möbel**n**

auch so nach: mein-, dein- ...; kein-;
aber: ⚠ meine/keine braun**en** Möbel

der → ein groß **er** Topf

das → ein groß **es** Bild

die → eine groß **e** Kerze

Welche Sachen sind in Ihrer
Tasche / Ihrem Rucksack?

*ein alter Stift, eine
große Geldbörse, ...*

2 Komparation ⓤ 4.04

Positiv +	Komparativ ++	Superlativ +++
schön	schön**er**	am schön**sten**
interessant	interessant**er**	am interessant**esten** → ⚠ -d/-t + esten
⚠		
groß	größ**er**	am größ**ten**
lange / lang	läng**er**	am läng**sten**
dumm	dümm**er**	am dümm**sten**
hoch	höh**er**	am höch**sten**

größer – am größten

3 Vergleichspartikel: *als, wie* ⓤ 4.04

schön**er**/praktisch**er**/... als ... Dorina mag Rockmusik lieber als Jazz.	≠
(genau)so gern/schön/... wie ... Sie geht genauso gern ins Kino wie ins Theater.	=

4 Wortbildung ⓤ 11.02

Nomen	→	Adjektiv
die Arbeit		arbeits**los** (= ohne Arbeit)

Ergänzen Sie.

ohne Herz:
herzlos
ohne Fehler:

ohne Schlaf:

ohne Wunsch:

ohne Wolken:

Kommunikation

SKEPTISCH REAGIEREN: Tja, ich weiß nicht.

Tja, ich weiß nicht. | Hm, findest du? | Ja, wirklich?
Bist du sicher? | Na ja, geht so. | Also, ich weiß nicht …

VORLIEBEN AUSDRÜCKEN: Am meisten gebe ich für … aus.

Ich finde … praktischer/schöner/besser als … | Am praktischsten/
schönsten/besten finde ich … | Sie/Er geht genauso gern ins Kino
wie ins Theater.

Am meisten / Sehr viel gebe ich für … aus. | Ich kaufe am liebsten …
Ich gebe (nicht) viel Geld für … aus. | Da spare ich (nicht).

WICHTIGKEIT AUSDRÜCKEN: Mir ist … wichtig.

Mir ist/sind … wichtig. Und dir?

Wie wichtig ist dir …?

Das ist / Die sind mir auch wichtig, aber nicht sehr wichtig.
… ist/sind mir überhaupt nicht wichtig.

VON EINEM GEGENSTAND ERZÄHLEN: Diesen … hat mir … geschenkt.

Diesen/Dieses/Diese … habe ich von … bekommen. / habe ich in … gekauft.
… hat mir … geschenkt. | Er/Es/Sie ist mir besonders wichtig, weil …

Er/Es/Sie gefällt mir so gut / gar nicht, denn … | Er/Es/Sie …, deshalb mag
ich ihn/es/sie so gern.

Heute ist ein richtig guter Einkaufstag. Findest du nicht?

Na ja, geht so.

Schreiben Sie drei Sätze.
… : Das finde ich wichtig.
… : Das ist mir noch wichtiger.
… : Das ist mir am wichtigsten.

Nicht zu viel arbeiten:
Das finde ich wichtig.

Sie möchten noch mehr üben?

4 | 32–34
AUDIO-
TRAINING

VIDEO-
TRAINING

Lernziele

Ich kann jetzt …

A … Wichtigkeit ausdrücken: *Ein interessanter Beruf ist mir wichtig.* _____ ☺ ☺ ☹
  … etwas beschreiben: *Das ist ja eine tolle Tasche!* _____ ☺ ☺ ☹
B … Anzeigen verstehen und eine Anzeige schreiben:
  Verkaufe eine neue Salatschüssel aus Plastik. _____ ☺ ☺ ☹
C … Sachen/Personen miteinander vergleichen:
  Dorina mag Rockmusik lieber als Jazz. _____ ☺ ☺ ☹
D … von meinem Konsumverhalten erzählen:
  Am meisten gebe ich für meine Miete aus. _____ ☺ ☺ ☹
E … Gegenstände beschreiben: *Den kleinen Harlekin*
  hat mein Neffe Ernesto für mich gemacht. _____ ☺ ☺ ☹

Ich kenne jetzt …

… 10 Gegenstände:
die Brieftasche, …

… 4 Materialien:
Holz, …

Auflösung zu S. 112/D1: 1 Miete, 3 Nahrungsmittel, 5 Versicherungen, 7 Kleidung, 8 Körper und Gesundheit

Flohmarkt

Gebrauchte Dinge kann man verschenken oder wegwerfen. Man kann die alten Sachen aber auch verkaufen. Ganz einfach geht das im Internet. Immer mehr Menschen bestellen online. Das geht
5 schnell und ist bequem. Aber es ist auch ein bisschen schade, denn im Internet bleibt man allein.

Ein großer Flohmarkt ist viel lustiger und bunter. Dort trifft man viele Leute, man spricht und man handelt miteinander. Das macht Spaß und man
10 kann die verschiedenen Angebote auch viel genauer prüfen als im Internet. Außerdem bekommt man die Sachen auf dem Flohmarkt meist noch günstiger. Auch für die Umwelt ist es besser, wenn man die gebrauchten Dinge nicht einfach auf den Müll
15 wirft. Normalerweise funktionieren sie ja noch prima. Flohmärkte sind in vielen Ländern sehr beliebt. Auch in Deutschland gibt es sie in den meisten Orten. In den großen Städten kann man

an Sommerwochenenden oft sogar zwischen
20 mehreren Flohmärkten wählen.

So ist das Wort „Flohmarkt" entstanden: Früher hat es auf solchen Märkten vor allem alte Kleider gegeben. Und da hat man manchmal wohl auch ein paar Flöhe mitgekauft.

Lesen Sie den Text. Was ist richtig? Kreuzen Sie an.

a ○ Immer mehr Menschen kaufen im Internet ein.
b ○ Auf dem Flohmarkt kann man mit den Verkäufern handeln.
c ○ Die Sachen kosten auf einem Flohmarkt oft mehr als im Internet.
d ○ Flohmärkte gibt es in Deutschland nur in großen Städten.

Ein kleiner Kurs-Flohmarkt

Ein blauer Pulli. Er ist sauber und völlig in Ordnung, aber Sie ziehen ihn nicht mehr an. Ein altes Spiel. Sie haben es schon oft gespielt. Jetzt liegt es in der Schublade.
Solche und viele andere Dinge liegen zu Hause herum. Wir brauchen sie nicht, wollen sie aber auch nicht einfach wegwerfen. Dann verkaufen wir die Sachen doch auf einem Flohmarkt! Mit diesem Projekt können wir das ein bisschen üben. Jeder bringt ein bis drei gebrauchte Sachen mit. Und jetzt machen wir aus dem Kursraum einen Flohmarkt.

1 Arbeiten Sie in Gruppen. Jede Gruppe macht einen eigenen Flohmarkttisch.

2 Teilen Sie Ihre Gruppe: Eine Hälfte bleibt als Verkäufer am Tisch. Die andere Hälfte besucht als Käufer die anderen Tische und fragt nach den Preisen.

> *Die Hose ist ja schön! Wie viel kostet die?*

> *Die kostet 10 Euro.*

GEDICHT

Keine Asche in der Tasche?

Du hast so viele Wünsche, deine Einkaufslust ist groß,
aber leider, leider, leider ist ja ohne Moos nichts los.
Du hättest so gern das, du hättest so gern dies,
doch nichts davon bekommst du – ohne Kies.

Wenn das nette kleine Auto so prima zu dir passt,
dann kannst du's gerne haben, … wenn du Kohle hast.
Du kriegst auch einen wunderschönen Schrank.
Doch dazu brauchst du Mäuse auf der Bank.

Parfüm und eine Kamera und ein Bratentopf:
So viele tolle Sachen hast du schon im Kopf.
Ohne Knete kriegst du nicht mal eine Mütze
und schon gar nicht einen Urlaub in der Südsee.

Dunkelbraune Schuhe, eine Hose und ein Tuch,
ein schicker heller Mantel, ein interessantes Buch.
Du hättest so gern dies, du hättest so gern das,
doch ohne Schotter macht der Einkauf keinen Spaß.

Asche

Kies

4 ◀)) 35

1 In der deutschen Umgangssprache gibt es sehr viele Wörter für *Geld*.
Hören und lesen Sie das Gedicht und markieren Sie die Wörter.

2 Sehen Sie die Fotos an und ergänzen Sie.

3 Welche Wörter für *Geld* gibt es in Ihrer Sprache? Erzählen Sie.

Kommunikation

Folge 10: Immer auf den letzten Drücker

1 Sehen Sie die Fotos an.

a Was sehen Sie? Markieren Sie.

● die Post ● das Paket ● der Briefumschlag ● die Briefmarke ● das Geschenk
● der Bierdeckel ● die Postkarte ● der Karton ● das T-Shirt ● die Schere

b Was meinen Sie? Sprechen Sie.

– Was verschickt Tim?
– An wen?
– Warum?

> Er schickt das Paket an Lara.

> Das glaube ich nicht. ...

c Hören Sie und vergleichen Sie.

Tims Film

4 ◀)) 36–43

2 Hören Sie noch einmal. Welches Foto passt? Ordnen Sie zu.

Foto

a ○ Wir müssen es als „Maxibrief International" versenden.

b ○ Warum bin ich so unordentlich?

c ○ Die Geschenke sind genau an Bens Geburtstag angekommen.

d ○ Ich muss noch ein Paket zur Post bringen. Mein Bruder hat Geburtstag.

e ○ Diese Sendung soll in fünf Tagen in Kanada sein.

f ⑦ Das ist ja ein teurer Brief.

g ○ Dann müssen Sie das Formular CN 22 ausfüllen.

h ○ Er sammelt Bierdeckel.

3 „Immer auf den letzten Drücker"

a Was bedeutet das? Kreuzen Sie an.

　○ Etwas immer im letzten Moment machen.

　○ Immer pünktlich sein.

Ich gehe immer erst einkaufen, wenn die Geschäfte fast schon geschlossen sind.

b Was machen Sie oft „auf den letzten Drücker"? Erzählen Sie.

A Hier **wird** das **reingeschrieben**.

 4 🔊 44 **A1** Hören Sie und ordnen Sie zu.

wird … reingeschrieben   wird … gesprochen

> Dann müssen Sie das Formular CN 22 ausfüllen.
> Sehen Sie: Hier _____ das
> _____. In Kanada
> _____ doch Englisch und Französisch
> _____, oder?

wird werden	reingeschrieben

Das wird reingeschrieben.
= Man schreibt das rein.

A2 Bens Geschenk ist unterwegs nach Kanada. Ordnen Sie zu und ergänzen Sie.

 A    B    C    D

ⓒ Das Geschenk _____ zur Post gebracht.

◯ In einem Sortierzentrum _*werden*_ die Briefe und Pakete gestempelt und sortiert.

◯ Mit dem Flugzeug _____ die Post nach Kanada transportiert.

◯ Dort _____ das Geschenk zu Ben gebracht.

A3 Der Weg einer Banane nach Deutschland

a Was meinen Sie? Wie lange ist eine Banane unterwegs vom Baum
bis in den deutschen Supermarkt?

b Ergänzen Sie. Lesen Sie dann den Text und vergleichen Sie.

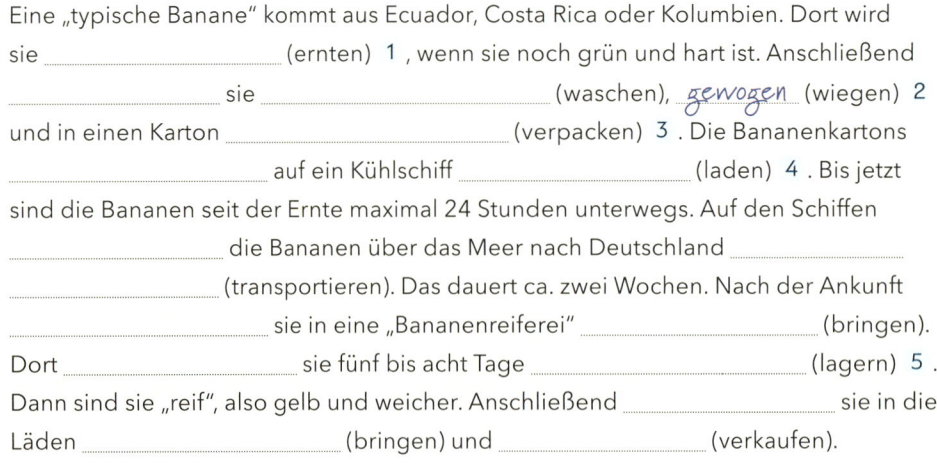

Eine „typische Banane" kommt aus Ecuador, Costa Rica oder Kolumbien. Dort wird
sie _____ (ernten) **1**, wenn sie noch grün und hart ist. Anschließend
_____ sie _____ (waschen), _*gewogen*_ (wiegen) **2**
und in einen Karton _____ (verpacken) **3**. Die Bananenkartons
_____ auf ein Kühlschiff _____ (laden) **4**. Bis jetzt
sind die Bananen seit der Ernte maximal 24 Stunden unterwegs. Auf den Schiffen
_____ die Bananen über das Meer nach Deutschland _____
_____ (transportieren). Das dauert ca. zwei Wochen. Nach der Ankunft
_____ sie in eine „Bananenreiferei" _____ (bringen).
Dort _____ sie fünf bis acht Tage _____ (lagern) **5**.
Dann sind sie „reif", also gelb und weicher. Anschließend _____ sie in die
Läden _____ (bringen) und _____ (verkaufen).

A4 Im Kurs: Sätze bauen. Machen Sie Fantasiesätze mit *wird/werden … ge…t/en*.
Person A sagt ein Wort. Person B „baut" den Satz weiter.

A *Heute*   B *werden*   C *die Hausaufgaben*   D *gemacht.*

B1 Fragen auf der Post

Lesen Sie und markieren Sie wie im Beispiel.
Ergänzen Sie dann die Tabelle.

a Was für ein Formular muss ich ausfüllen?
b Was für Briefmarken brauche ich für diese Sendung?
c Was für eine Verpackung soll ich nehmen?
d Was für einen Aufkleber muss ich verwenden?

	●	Aufkleber ...?
Was für	● ein	Formular ...?
	●	Verpackung ...?
	●	Briefmarken ...?

4 ◀)) 45–48 B2 Auf der Post

Hören Sie und ordnen Sie zu. Ergänzen Sie dann die Gespräche.

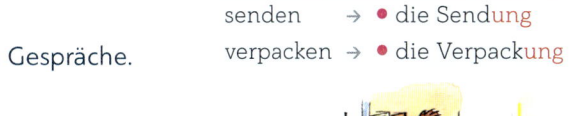

senden → ● die Sendung
verpacken → ● die Verpackung

1 ◆ Guten Tag. Ich möchte einen wichtigen Brief verschicken. Ich muss sicher sein, dass er ankommt. Was für eine Möglichkeit gibt es denn da?
  ○ Dann müssen Sie diesen Brief als Einschreiben senden.

2 ■ Ich möchte ein Päckchen abholen.
  ▼ Haben Sie die Benachrichtigungskarte und Ihren Ausweis dabei?
  ■ _____ Karte?
  ▼ Die Benachrichtigungskarte. Sie war in Ihrem Briefkasten.

3 ▲ Ich habe hier einen Brief nach Südafrika. Was kostet der denn?
  □ Geben Sie mal her – hm, 650 Gramm. Das ist dann ein Maxibrief International, das macht 7 Euro.
  ▲ Gut, dann brauche ich Briefmarken.
  □ _____ Briefmarken möchten Sie – Sondermarken oder normale Briefmarken?
  ▲ Normale Briefmarken, bitte.

4 ✦ Ich habe hier eine Sendung nach Ägypten.
  ● Da müssen Sie diese Zollinhaltserklärung ausfüllen.
  ✦ _____ Erklärung?
  ● Eine Zollinhaltserklärung. Sehen Sie: dieses Formular hier. Da müssen Sie reinschreiben: Was ist in dem Paket und was ist es wert?

> **SCHON FERTIG?** Was schicken Sie Ihrer Familie, Ihren Freunden ...? Machen Sie eine Liste.

B3 Rollenspiel: Spielen Sie Gespräche auf der Post.

Kundin/Kunde
Sie haben einen wichtigen Brief. Er muss unbedingt ankommen. Möglichkeiten?

Postbeamtin/Postbeamter
Brief als Einschreiben schicken

Kundin/Kunde
Sie wollen ein Paket abholen.

Postbeamtin/Postbeamter
Benachrichtigungskarte und Ausweis dabei?

C1 Was hat Ben zum Geburtstag bekommen?

Lesen Sie und markieren Sie wie im Beispiel. Ergänzen Sie dann die Tabelle.

Die ==verschiedenen== Bierdeckel habe ich von meinem Bruder bekommen, ich sammle ja Bierdeckel. Der grüne Schal ist von meiner Oma. Sie hat immer Sorge, dass ich friere. Meine Eltern haben mir das tolle Handy hier geschenkt. Das ==alte== Handy ist mir leider runtergefallen und kaputtgegangen. Und mit der großen Uhr vergesse ich nun hoffentlich nie wieder die Zeit. Meine Freundin hat sie mir gekauft, weil ich immer zu spät komme.

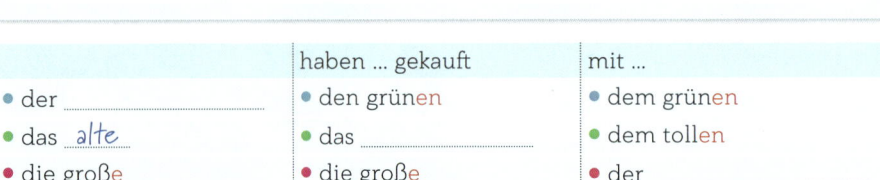

	haben ... gekauft	mit ...	
• der _____	• den grünen	• dem grünen	Schal
• das _alte_	• das _____	• dem tollen	Handy
• die große	• die große	• der _____	Uhr
• die verschiedenen	• die _verschiedenen_	• den verschiedenen	Bierdeckel(n)

4 ◀)) 49–52 ### C2 Interviews: Was sammeln Sie?

a Hören Sie die Interviews und ordnen Sie zu. Achtung: Nicht alle Fotos passen.

◯ Eisenbahnen	◯ Blätter	◯ Teddybären	① Münzen
◯ Enten	◯ Urlaubssouvenirs	◯ Dosen	◯ Briefmarken

b Hören Sie noch einmal. Was ist richtig? Kreuzen Sie an.

1
◯ Die Frau hat schon 1-Euro-Münzen aus allen Ländern.
◯ Die griechische Münze findet sie am schönsten.

2
◯ Der Mann kauft die Eisenbahnen nur online.
◯ Die grüne Bahn ist aus der Schweiz.

3
◯ Der Mann bringt aus jedem Urlaub ein Souvenir mit.
◯ Die rote Muschel hat er von seiner Frau bekommen.

4
◯ Die Frau kauft und verkauft Dosen.
◯ In der blauen Dose ist Zucker.

c Sehen Sie die Fotos in a an. Was sammeln Sie? Erzählen Sie.

> *Ich sammle nichts. Sammeln finde ich uninteressant.*

> *Ich sammle auch ausländische Münzen.*

> *Ich sammle Tiere aus Glas: exotische Vögel.*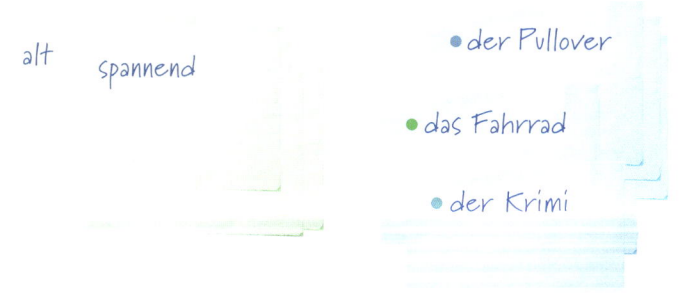

interessant ⟷ **un**interessant

C3 Wettspiel

Schreiben Sie mit Ihrer Partnerin / Ihrem Partner je zehn Wörter auf Kärtchen wie im Beispiel.
Jeder zieht ein blaues und ein grünes Kärtchen. Schreiben Sie Sätze.
Welches Paar findet in fünf Minuten die meisten Sätze?

alt   spannend

- der Pullover
- das Fahrrad
- der Krimi

> Ich ziehe den alten Pullover an.
> Ich bin mit dem alten Fahrrad ins Kino gefahren.
> Ich habe den spannenden Krimi gelesen.

C4 Welche Dose gefällt Ihnen?

Wie finden Sie ...? Sprechen Sie mit Ihrer Partnerin / Ihrem Partner.

- der Streifen 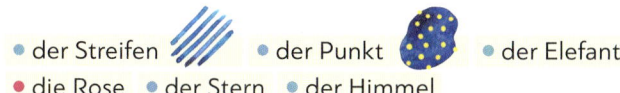 • der Punkt • der Elefant
- die Rose • der Stern • der Himmel

> *Mir gefällt die orange Dose mit den weißen Elefanten.*

> *Die finde ich auch sehr schön. Aber mir gefällt die grüne Dose besser. Wie findest du ...?*

D Kontakt und Kommunikation

D1 Wir bleiben in Kontakt.

a Was meinen Sie? Lesen Sie und kreuzen Sie an. Vergleichen Sie dann mit Ihrer Partnerin / Ihrem Partner.

Wir bleiben in Kontakt, ja?

Aber sicher! Das ist heutzutage so einfach wie nie zuvor. Per Handy oder Internet kann man heute ständig Kontakt mit seinen Freunden und Familienangehörigen halten. Was denken Sie? Werden überhaupt noch Briefe verschickt? Wie viele Menschen sind täglich in sozialen Netzwerken unterwegs? Testen Sie Ihr Wissen mit unserem kleinen Quiz.

		A	B
1	Wie viele Briefe werden täglich in Deutschland verschickt?	ca. 70 Millionen ○	ca. 8 Millionen ○
2	Seit wann gibt es das Telefon? Und das Handy?	1877 und 1983 ○	1567 und 1956 ○
3	In welchem Alter erhalten Kinder im Durchschnitt ihr erstes Handy?	mit 8 Jahren ○	mit 12 Jahren ○
4	Wie viele Nachrichten werden per Mobiltelefon pro Tag im Durchschnitt verschickt?	30 ○	10 ○
5	Seit wann gibt es das World Wide Web (www)?	seit 1984 ○	seit 1993 ○
6	Wie viele E-Mails werden weltweit jährlich verschickt?	ca. 20 Milliarden ○	ca. 200 Milliarden ○
7	Wie viele E-Mails erhält man im Durchschnitt pro Tag am Arbeitsplatz?	70–80 ○	30–40 ○
8	Wie viele Kontakte haben Nutzer von sozialen Netzwerken im Durchschnitt?	133 ○	299 ○
9	Wie viele Nutzer von sozialen Netzwerken sind täglich dort aktiv?	69 % ○	82 % ○

b Lesen Sie die Auflösung auf Seite 127. Sprechen Sie im Kurs: Was hat Sie überrascht?

> Ich habe gedacht/geglaubt, dass … | … überrascht mich (nicht).
> … finde ich komisch/interessant. | Das ist erstaunlich.

D2 Kursstatistik: Wie und wie oft kommunizieren Sie täglich per Telefon/Internet/… mit anderen?
Sprechen Sie und machen Sie ein Kursplakat / eine Kursstatistik.

- ◆ Iga, wie viele Nachrichten verschickst du mit deinem Handy pro Tag?
- ○ Zwischen zehn und zwanzig. Und du, Sami?
- ▲ Mehr als 30 bestimmt. Und bist du in einem sozialen Netzwerk?

Nachrichten	Iga 10-20, Sami 30+, …
Besuche in sozialen Netzwerken	ja
E-Mails	
Telefon/Skype	
…	

4 ◀)) 53–55 **E1 Es tut mir leid, aber …**

    a Warum rufen die Personen an? Hören Sie und ordnen Sie zu.

1 Franziska

2 Naomi

3 Namika

◯ Krankmeldung
◯ Absage
◯ Verspätung

    b Welche SMS passt zu welcher Sprachnachricht? Lesen Sie, hören Sie noch einmal und ordnen Sie zu.

A
> Danke für die Information. Wir haben doch morgen die Besprechung mit der Firma Zonge. Dann verschiebe ich den Termin, oder? Gute Besserung! Gruß, Armin Metzger

B
> Oje, Du Arme. Schade, dass Du heute Abend nicht kommen kannst. Ich wünsche Dir viel Erfolg bei der Präsentation und Emmi alles Gute. LG

C
> Vielen Dank für Ihre Nachricht. Es tut mir sehr leid, aber um 16 Uhr hat Frau Bauer schon einen Termin. Sie werden von Herrn Werler am Bahnhof abgeholt. Beste Grüße, Anna Schuster

SMS	A	B	C
Sprachnachricht			

E2 Entschuldigung!

Arbeiten Sie zu zweit. Wählen Sie eine Situation und entschuldigen Sie sich bei Ihrer Partnerin / Ihrem Partner. Sprechen Sie eine Nachricht auf die Mailbox.

> Sie können heute nicht zur Arbeit kommen. Sie sind krank. Sie möchten einen Termin verschieben.

> Sie kommen später zur Arbeit, weil die S-Bahn Verspätung hat.

> Sie konnten mit Ihren Freunden nicht in die Kneipe gehen, weil Ihr Sohn krank war.

Hallo / Guten Tag, hier ist …

Es tut mir sehr/schrecklich leid, dass … / Entschuldigung! / Entschuldige! / Entschuldigen Sie!

Ich konnte/kann nicht …, weil … | Ich wollte …, aber …

Ich hoffe, du bist nicht sauer. | Ich hoffe, das ist in Ordnung.

Ich melde mich wieder. | Ich rufe später noch einmal an.

Könnten Sie mich bitte zurückrufen?

Könnten wir den Termin verschieben?

Auf Wiederhören. / Tschüs.

4 ◀)) 56–58 **E3 Hören Sie drei Ansagen und ergänzen Sie die Notizen.**

A
Elternbeirat:
Treffen am _____
um 20 Uhr
im Gasthof Schuster

B
Konsulat
Visum beantragen: _____
allgemeine Fragen: _____

C
Dr. Camerer
Termine verschoben!
Untersuchung: 3.5. um _____
Grippeimpfung: 1.5. um 8 Uhr
Praxis anrufen!

Grammatik und Kommunikation

Grammatik

1 Passiv: Präsens [ÜG] 5.13

	werden	Partizip
er/es/sie	wird	reingeschrieben
sie	werden	

Das wird reingeschrieben. = Man schreibt das rein.

2 Frageartikel: *Was für ein…?* [ÜG] 10.03

	Nominativ	Akkusativ	
Was für	• ein	• einen	Aufkleber …?
	• ein	• ein	Formular …?
	• eine	• eine	Verpackung …?
	• –	• –	Briefmarken …?

3 Adjektivdeklination: definiter Artikel [ÜG] 4.02

Nominativ	Akkusativ	Dativ
• der grüne Schal	• den grünen Schal	• dem grünen Schal
• das alte Handy	• das tolle Handy	• dem tollen Handy
• die große Uhr	• die große Uhr	• der großen Uhr
• die verschiedenen Bierdeckel	• die verschiedenen Bierdeckel	• den verschiedenen Bierdeckeln

4 Wortbildung [ÜG] 11.01, 11.02

Verb	→ Nomen
senden	→ • die Sendung
verpacken	→ • die Verpackung

Adjektiv (positiv +)	→ Adjektiv (negativ –)
interessant	↔ uninteressant

Kommunikation

GESPRÄCHE AUF DER POST: Ich möchte ein Päckchen abholen.

Ich möchte einen wichtigen Brief verschicken. Was für eine Möglichkeit gibt es denn da?

Dann müssen Sie diesen Brief als Einschreiben senden.

Ich möchte ein Päckchen abholen.

Haben Sie die Benachrichtigungskarte und Ihren Ausweis dabei?

Ich brauche Briefmarken.

Was für Briefmarken möchten Sie?

Ich habe hier eine Sendung nach Ägypten.

Da müssen Sie diese Zollinhaltserklärung ausfüllen.

Was sagt der Mann? Schreiben Sie.

Fernseher liefern
Rechnung schicken
Kamera reparieren
…

Wann wird endlich der Fernseher …

Schreiben Sie ein Gespräch.

◊ Guten Tag. Ich brauche …
○ …

ERSTAUNEN AUSDRÜCKEN: Das überrascht mich.

Ich habe gedacht/geglaubt, dass ...
... überrascht mich (nicht).
... finde ich komisch/interessant.
Das ist erstaunlich.
Schade.

SICH AM TELEFON ENTSCHULDIGEN: Es tut mir sehr leid, dass ...

Es tut mir sehr/schrecklich leid, dass ...
Entschuldigung! | Entschuldige! | Entschuldigen Sie!
Ich konnte/kann nicht ..., weil ... | Ich wollte ..., aber ...
Ich hoffe, du bist nicht sauer. | Ich hoffe, das ist in Ordnung.
Ich melde mich wieder. | Ich rufe später noch einmal an.
Könnten Sie mich bitte zurückrufen?
Könnten wir den Termin verschieben?

DANK UND GUTE WÜNSCHE: Vielen Dank für Deine Nachricht.

Hallo ..., vielen Dank für Ihre/Deine Nachricht. ...
Alles Gute. / Gute Besserung.

Schreiben Sie vier
Entschuldigungen.

Tut mir leid, Schatz. Ich habe die U-Bahn verpasst.

Sie möchten noch mehr üben?

4 | 59–61 AUDIO-TRAINING

VIDEO-TRAINING

Lernziele

Ich kann jetzt ...

A ... unpersönliche Sachverhalte verstehen:
Hier wird das reingeschrieben. _____ ☺ ☺ ☹

B ... auf der Post um Informationen bitten:
Was für eine Möglichkeit gibt es denn da? _____ ☺ ☺ ☹

C ... Gegenstände beschreiben:
Der grüne Schal ist von meiner Oma. _____ ☺ ☺ ☹

D ... über Kommunikationsverhalten sprechen:
Bist du in einem sozialen Netzwerk? _____ ☺ ☺ ☹

E ... Mailbox-Nachrichten verstehen und sprechen:
Könnten Sie mich bitte zurückrufen? _____ ☺ ☺ ☹

Ich kenne jetzt ...

... 10 Wörter zum Thema *Post*:
das Paket, ...

... 5 Wörter zum Thema
Kommunikation:
das Handy, ...

Auflösung zu S. 124/D1: 1 A / 2 A / 3 A / 4 A / 5 A / 6 B / 7 B / 8 B / 9 A

LIED

Weg mit dem „un-"!

1. Ich fühle mich so <mark>unverstanden</mark>,
   unglücklich und unzufrieden …
   Oh, das tut mir leid!
   … und dabei so unselbstständig,
   unsicher und unentschieden …
   Na, da wird es Zeit …

   Sie fragen sich nun: Was kann man da tun?
   Sehen Sie: So wird das gemacht!
   Weg mit dem „un", einfach weg mit dem „un"!
   Das geht viel leichter als gedacht.

2. Das Zimmer hier ist unbequem
   und unfreundlich und ungemütlich …
   Oh, das tut mir leid!
   … unsauber, unaufgeräumt,
   wirklich sehr unappetitlich! …
   Da wird es aber Zeit …

   Weg mit dem „un", weg mit dem „un"!
   Es geht viel leichter als gedacht.
   Weg mit dem „un", einfach weg mit dem „un"!
   Sehen Sie: So wird das gemacht!

3. Mein Schwiegersohn ist unvorsichtig,
   unhöflich und unerzogen …
   Oh, das tut mir leid!
   … unordentlich und unpünktlich,
   aus jeder Arbeit rausgeflogen! …
   Na, da wird es Zeit …

   Weg mit dem „un", weg mit dem „un"!
   Es geht viel leichter als gedacht.
   Weg mit dem „un", einfach weg mit dem „un"!
   Sehen Sie: So wird das gemacht!

4. Dieses Lied ist unnötig
   und unpassend und unmodern …
   Oh, das tut mir leid!
   … und überhaupt uninteressant!
   Ich sing es wirklich ungern! …
   Nun wird es aber Zeit …

1 Lesen Sie den Liedtext und markieren Sie alle Wörter mit „un-".
Kennen Sie noch mehr Beispiele? Sammeln Sie im Kurs.

4 ◀)) 62 **2** Hören Sie das Lied und singen Sie mit.

Der kleine Mann: Die Notlüge

1 Lesen Sie den Comic. Wie finden Sie das Verhalten von der Frau? Wie finden Sie die Reaktion vom kleinen Mann? Warum?

> *Ich finde das lustig. Die Frau lügt und der kleine Mann …*

2 Sagen Sie immer die Wahrheit? Erzählen Sie.

> *Manchmal sage ich nicht die Wahrheit. Wenn mir die neue Frisur von einer Freundin nicht gefällt, dann …*

Macht uns das Handy blöd?

4 ◀)) 63   **1** Wer sagt was?
Hören Sie und kreuzen Sie an.

	1	2	3	4
a Ich halte mit dem Handy Kontakt mit meiner Familie.	○	○	○	○
b Handys sammeln viele Informationen über uns.	○	○	○	○
c Fast jeder ist mit dem Handy beschäftigt und interessiert sich nicht für die anderen.	○	○	○	○
d Jeder entscheidet selbst, was er mit seinem Handy macht.	○	○	○	○

2 Was denken Sie über Handys? Erzählen Sie.

> *Ich brauche mein Handy. So halte ich auch Kontakt mit meiner Familie in Eritrea.*

Unterwegs

Folge 11: *Fragen kostet nichts.*

1 Waren Sie schon einmal in einem Zoo?

Gehen Sie gern in den Zoo? Erzählen Sie.

> *Ich gehe gern in den Zoo. Tiger* *und Zebras* *sind meine Lieblingstiere.*

2 Sehen Sie die Fotos an.

a Was meinen Sie? Sprechen Sie.

– Welche Fragen haben die Frau und der Junge an Tim?
– Kann Tim ihnen Auskunft geben?
– Wie zufrieden sind die Frau und der Junge mit Tims Antworten?

> *Die Frau fragt vielleicht: Was kann ich in der Stadt anschauen?*

b Hören Sie und vergleichen Sie.
5 ◀)) 1–8

Tims Film

5 🔊 1–8 **3 Was ist richtig? Hören Sie noch einmal und kreuzen Sie an.**

a Frau Heigert möchte spazieren gehen und etwas essen.
  Tim schlägt vor, dass sie ○ durch den Stadtpark ○ um den See gehen soll.
  Er empfiehlt ihr das ○ Café Wurm. ○ Restaurant am Park.
  Frau Heigert findet Tims Vorschlag ○ sehr gut. ○ schlecht.

b Tommy möchte in den Zoo gehen. Tim erklärt ihm, dass man dorthin
  ○ mit der S-Bahn fahren muss. ○ zu Fuß gehen kann.
  Tommy findet, dass Tim ○ langweilig ○ lustig ist.

c Tommy hat ○ den Weg nicht gefunden. Aber er hat ein Zebra gemalt.
           ○ der Ausflug gut gefallen. Zum Dank bringt er Tim ein Bild mit.

d Frau Heigert hatte ○ keinen ○ einen schönen Spaziergang.
  Sie war mit dem Essen ○ unzufrieden. ○ zufrieden.

4 „Fragen kostet nichts."
Bitten Sie gern um Hilfe? Oder finden Sie
lieber alles selbst heraus? Erzählen Sie.

Ich frage nicht mehr so viel wie früher. Heute findet man doch alle Informationen mit dem Handy.

A Ihr kommt **aus dem Hotel**.

A1 Woher kommt Tommy? Ordnen Sie zu.

 A  B  C

○ Vom Fußballplatz.
○ Aus dem Hotel.
○ Vom Friseur.

● aus dem	● vom	● vom
Hotel	Fußballplatz	Friseur

5 ◀)) 9 **A2 *Von* oder *aus*? Hören Sie und ergänzen Sie.**

a Jemand fährt *von der Tankstelle* weg.

b Leute steigen _____.

c Ein Mann kommt _____.

d Eine Frau kommt _____.

e Jemand kommt _____.

f Jemand nimmt die Post _____.

A3 *Woher, wo, wohin?*

Sehen Sie das Bild an und schreiben Sie Sätze mit Ihrer Partnerin / Ihrem Partner. Wie viele Sätze finden Sie in fünf Minuten? Vergleichen Sie dann mit einem anderen Paar.

> Ein Hund springt ins Auto.
>
> Ein Mann tankt an der Tankstelle.
>
> ...

WIEDERHOLUNG

Woher? 	Wo? ↓	Wohin? →⬜
● aus dem Auto	im Auto	ins Auto
● von der Tankstelle	an der Tankstelle	zur / an die Tankstelle
● vom Friseur	beim Friseur	zum Friseur

⇆ **A4 Meine Wege – Wo waren Sie gestern überall?**
Sprechen Sie mit Ihrer Partnerin / Ihrem Partner.

> *Gestern bin ich um halb sieben aus dem Haus gegangen.*
> *Ich bin zur Bushaltestelle gelaufen und in den Bus gestiegen.*
> *Am Barbarossaplatz bin ich aus dem Bus gestiegen ...*

5 ◀)) 10–11 **B1 Wie sollen Frau Heigert und Tommy gehen/fahren?**
Hören Sie und ordnen Sie zu.

| an … vorbei um … herum bis zum bis zum ~~durch~~ entlang gegenüber über |

a Gehen Sie _____ die Straße, dann sind Sie direkt am Stadtpark.
Gehen Sie dann _durch_ den Stadtpark. Da kommen Sie _____ dem
kleinen See _____ . Am anderen Ende sehen Sie gleich links
das Restaurant.

b Geht rechts die Straße _____
Opernplatz. Ihr geht _____ die Oper _____ und nach
ein paar Metern seid ihr schon an der S-Bahn-Station. Dann nehmt ihr
die S8 und fahrt _____ Westend. Der Eingang zum
Zoo ist genau _____ der S-Bahn-Station.

- durch den Park
- über die Straße
- die Straße entlang
- um die Oper (herum)
- an dem See vorbei
- bis zum Westend
- gegenüber der S-Bahn-Station / der S-Bahn-Station gegenüber

5 ◀)) 12 **B2 Wie komme ich zu Dir?**
Lesen Sie Milans Nachricht.
Sehen Sie dann die Bilder an und ergänzen Sie:
Wie soll Milan fahren? Schreiben Sie eine Antwort.
Hören Sie dann und vergleichen Sie.

> Hallo Alex! Mein Navi hat mich in die falsche Richtung geschickt. 😩 Jetzt habe ich mich total verfahren. Wie komme ich zu Dir? Ich stehe vor der Karlsbrücke. Milan

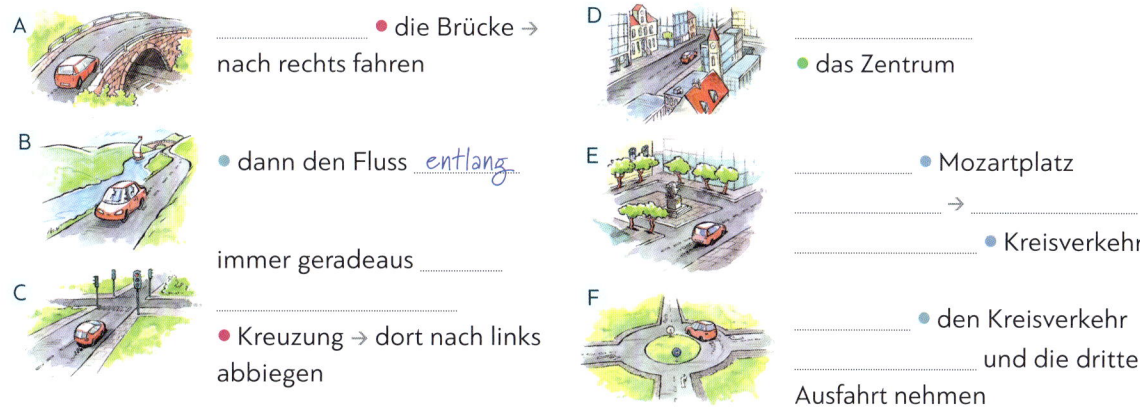

A • die Brücke →
nach rechts fahren

B • dann den Fluss _entlang_

immer geradeaus _____

C • Kreuzung → dort nach links
abbiegen

D • das Zentrum

E _____ • Mozartplatz
_____ →
_____
• Kreisverkehr

F _____ • den Kreisverkehr
_____ und die dritte
Ausfahrt nehmen

Hallo Milan, du fährst über die Brücke und nach rechts. Dann …

🔁 **B3 Wege in der Sprachenschule**
Wo sind in Ihrer Sprachenschule die Anmeldung, ein Kopierer, die Cafeteria, …?
Arbeiten Sie in Gruppen. Machen Sie Notizen und erklären Sie. Die anderen raten.

Ich gehe aus dem Kursraum, dann nach rechts. … Was ist dort? *aus dem Kursraum → nach rechts …*

C Deshalb möchte ich ja in den Zoo.

C1 Was ist richtig? Wissen Sie es noch? Verbinden Sie.

a Tommy mag Tiger. — Deshalb soll Tommy ihm eins mitbringen.
b Tim findet Zebras super. — Tommy hat deshalb ein Bild von einem Zebra gemalt.
c Tiere darf man aus dem Zoo nicht mitnehmen. — Deshalb möchte er in den Zoo gehen.

> Tommy mag Tiger. Deshalb möchte er in den Zoo gehen.
> Er möchte deshalb in den Zoo gehen.

C2 Ich stehe im Stau.

a Wer hat welches Foto an Anita geschickt? Lesen Sie die Nachrichten und notieren Sie die Namen.

 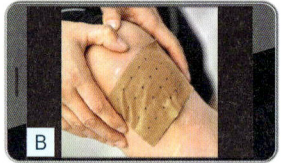  

A   B   C   D

Lea

Stefan: Ich stehe im Stau. Deshalb schaffe ich es nicht zur Teambesprechung. Sagst Du dem Chef Bescheid?   8.29 Uhr

Anita: Ja, mache ich. Gute Fahrt! ☺   8.31 Uhr

Fanni: Mama, ich bin auf dem Bürgersteig gestürzt, weil so ein blöder Radfahrer nicht aufgepasst hat. Mein Knie blutet. ☹   13.18 Uhr

Anita: Oje, mein armer Schatz! Kleb gleich ein Pflaster darauf.   13.23 Uhr

Lea: Ich habe mir ein neues Fahrrad gekauft. Mein altes war wirklich nicht mehr benutzbar. Wie gefällt Dir mein neues Rad?   17.10 Uhr

Anita: Ein super Rad! Ich gratuliere. – Gehen wir am Samstag mit den Kindern in den Zoo?   17.18 Uhr

Marek: Hallo Liebling, ich komme heute später. Das Auto ist plötzlich stehen geblieben. Zuerst habe ich gedacht: kein Benzin mehr. Aber der Mann vom Pannendienst sagt, dass die Autobatterie leer ist.   18.44 Uhr

Anita: Alles klar. Bis später.   18.45 Uhr

> Ich bin gestürzt, weil ein Radfahrer nicht aufgepasst hat.
> Ein Radfahrer hat nicht aufgepasst. Deshalb bin ich gestürzt.

> Mein Rad ist nicht mehr benutzbar. =
> Man kann das Rad nicht mehr benutzen.

b Lesen Sie noch einmal und verbinden Sie. Ergänzen Sie *weil* oder *deshalb*.

1 Stefan kommt nicht rechtzeitig, ... soll sie ein Pflaster auf das Knie kleben.
2 Ein Fahrradfahrer hat nicht aufgepasst, ... die Autobatterie leer ist.
3 Fanni hat sich verletzt, ... ist Fanni hingefallen.
4 Leas Fahrrad war nicht mehr in Ordnung,   *weil*   er im Stau steht.
5 Marek kommt später, ... hat sie sich ein neues gekauft.

C3 Im Straßenverkehr

Was ist hier los? Sehen Sie die Fotos an. Schreiben Sie mit Ihrer Partnerin / Ihrem Partner Sätze mit *deshalb*.
Vergleichen Sie dann mit einem anderen Paar.

A   • die Autobahn   • die Baustelle   • die Autofahrer
                                                    auf der linken Spur fahren müssen / nicht überholen können

B   • das Wetter   schlecht   • die Busse   Verspätung haben

C   • Tiere auf der Fahrbahn   es   • Stau geben

D   • der Falschfahrer   • die Autofahrer   vorsichtig sein müssen

> *Auf der Autobahn ist eine Baustelle. Deshalb müssen die Autofahrer auf der linken Spur fahren und können nicht überholen.*

5 ◀)) 13–17 ## C4 Verkehrsnachrichten

Was ist richtig? Hören Sie und kreuzen Sie an.

a   ○ Auf der Autobahn A81 gibt es Stau, weil ein Unfall passiert ist.
b   ○ Auf der Straße sind Tiere. Deshalb soll man vorsichtig fahren.
c   ○ Wegen Bauarbeiten gibt es Stau auf der A3.
d   ○ Man soll den Falschfahrer überholen.
e   ○ In Frankfurt haben alle Busse Verspätung, weil es schneit.

Warum?

Wegen ...

C5 Welche Information ist falsch?

a   Wählen Sie drei Themen und schreiben Sie Sätze mit *weil* oder *deshalb*. Eine Information ist falsch.

| Tiere | eine Panne / ein Unfall |
| Auto | Fahrrad   Verkehr(sprobleme) |

> – Ich liebe Tiere. Deshalb habe ich drei Katzen.
> – Ich habe kein Fahrrad, weil ich nicht Fahrrad fahren kann ...

SCHON FERTIG? Schreiben Sie Sätze mit *weil* und *deshalb* zu anderen Themen.

b   Lesen Sie Ihre Sätze vor.
Die anderen raten: Welche Information ist falsch?

> Du hast bestimmt nicht drei Katzen.

> Stimmt. Ich habe nur eine Katze.

D Bei jedem Wetter unterwegs

D1 Ordnen Sie zu.

◯ • das Eis   ◯ • der Schnee   ◯ • der Nebel   ◯ • der Sonnenschein   Ⓕ • der Sturm   ◯ • das Gewitter

A   B   C   D   E   F

D2 Wie ist das Wetter?

a Lesen Sie die Texte und ordnen Sie zu.

gewittrig   ~~stürmisch~~   regnerisch   eisig   sonnig   windig   wolkig   neblig

1   *stürmisch   und*

Chemnitz – Sturm und Eis haben gestern für Chaos auf Deutschlands Straßen gesorgt. Besonders schlimm war die Situation in Sachsen. In der Nacht war die Autobahn A72 zwischen Wildenfels und Hartenstein komplett gesperrt. Die Autofahrer mussten stundenlang in ihren Wagen warten.

2   _____, _____, _____ *und* _____

Wetterbericht für die Region Allgäu: Nach der Hitze in den letzten Tagen kommen von Westen immer mehr Wolken. Schon heute Abend gibt es zum Teil kräftigen Wind. In der Nacht dann Gewitter mit Starkregen. Das deutsche Wetteramt rät: Vermeiden Sie Autofahrten. Es besteht Gefahr wegen umstürzender Bäume.

3   _____

Unsere Stadt bekommt eine neue Straßen-bahn. Am Wochenende sind die Bürger zu einem Fest unter freiem Himmel eingeladen und können die Straßenbahn das ganze

Wochenende kostenlos benutzen. Auch die Wetteraussichten für das Event sind gut: Die Meteorologen versprechen Sonnenschein und sommerliche Temperaturen.

4   _____

······ **Dichter Nebel verhindert Starts und Landungen am Flughafen Köln-Bonn!** ···········
Bitte beachten Sie: Zurzeit können keine Maschinen starten oder landen. Deshalb kommt es vor-aussichtlich bis 12 Uhr zu Verspätungen bei Abflügen und Landungen. Wir bitten um Verständnis.

der Sturm → stürm**isch**	das Eis → eis**ig**		
der Regen → regner**isch**	der Nebel → ne**blig**		

SCHON FERTIG? Kennen Sie noch mehr Wörter mit *-isch* oder *-ig*?

b Was ist richtig? Lesen Sie noch einmal und kreuzen Sie an.

1 ◯ Das Wetter war in Sachsen nicht so schlecht wie in anderen Teilen Deutschlands.
2 ◯ Man soll nicht mit dem Auto fahren, weil es zu gefährlich ist.
3 ◯ Die Bürger müssen am Samstag und Sonntag nichts für Straßenbahnfahrten bezahlen.
4 ◯ Ab dem Nachmittag können die Flugzeuge wahrscheinlich wieder pünktlich fliegen.

E1 Was fällt Ihnen am Straßenverkehr in Deutschland auf?

a Wer sagt was? Lesen Sie den Text und verbinden Sie.

Hoang Tuan, Vietnam

In meiner Heimat ist das Moped ein sehr wichtiges Verkehrsmittel. Man kann ganze Familien damit trans-
5 portieren – oder Möbel! Alle wechseln ständig die Spur, immer hupt jemand.
In Deutschland gibt es viel weniger Verkehr. Und: Die
10 meisten halten sich an Regeln. Bei uns bremst kein Autofahrer für einen Fuß-gänger. Ich lebe jetzt in Kassel und gehe viel zu Fuß. Das macht mir Spaß und ich fühle mich sicher dabei.

Mir ist aufgefallen, dass in Deutschland viele einen
15 Strafzettel für zu schnelles Fahren riskieren. Vielleicht, weil die Strafen so niedrig sind. In Finnland ist das anders. Die Strafen sind viel höher. Das Autofahren in Deutschland finde ich sehr
20 anstrengend. Am schlimmsten ist die Autobahn. Wenn ein Wagen mich mit 200 km/h überholt, habe ich Angst. Das finde ich furchtbar, deshalb
25 fahre ich lieber mit den öffent-lichen Verkehrsmitteln.

Anu, Finnland

Hoang Tuan

Anu

„Ich finde, dass Autofahrer in Deutschland oft zu schnell fahren."
„Ich gehe in Deutschland gern zu Fuß."
„In meiner Heimat gibt es viel mehr Verkehr als in Deutschland."
„Ich benutze am liebsten Busse und Bahnen."

b Was ist Ihnen am Verkehr in Deutschland aufgefallen? Welches Verkehrsmittel benutzen Sie gern/oft? Gehen Sie gern zu Fuß? Sprechen Sie mit Ihrer Partnerin / Ihrem Partner.

> *Ich fahre gern mit der U-Bahn. Alle fünf Minuten kommt eine Bahn. Das ist super. Am besten gefällt mir, dass es in der U-Bahn so ruhig ist. Die Leute reden nicht so viel.*

> *Mir ist aufgefallen, dass ... Das finde ich interessant./ furchtbar.*
> *Am besten gefällt/gefallen mir (in Deutschland) ...*
> *Am schlimmsten finde ich ...*
> *Ich fahre/gehe/mag/... lieber ...*

E2 Der Verkehr in meinem Heimatland

a Machen Sie Notizen zu den Fragen.

1 Welche Verkehrsmittel werden oft benutzt? Welche selten?
2 Gibt es mehr oder weniger Verkehr als in Deutschland? Gibt es Unterschiede zwischen Stadt und Land?
3 Wie gut halten sich die Verkehrsteilnehmer an Regeln? Wie hoch sind die Strafen, z. B. für falsches Parken?
4 Wie schnell darf man hier fahren: in der Stadt, auf dem Land, auf der Autobahn?

b Suchen Sie ein passendes Foto und machen Sie ein Plakat. Erzählen Sie im Kurs.

> *Hier seht ihr ein Foto. / Ich zeige euch ein Foto (von ...).*
> *Bei uns / In meiner Heimat ist das anders (als hier). / nicht so (wie hier). / genauso (wie hier).*
> *Es gibt (viel) mehr/weniger ...*

> *Hallo. Ich erzähle euch heute etwas über den Verkehr in meiner Heimat Tansania ...*

Der Verkehr in meinem Heimatland

① vor allem Busse immer sehr voll, ...
② Linksverkehr; in den Städten: viel Verkehr, auf dem Land ...
③ Verkehrsregeln: ja, aber sie werden oft nicht beachtet; Busfahrer fahren sehr schnell ...
④ Tempolimits: 30 km/h in Städten, ...

Grammatik und Kommunikation

Grammatik

1 Lokale Präpositionen auf die Frage *Woher?* + Dativ ÜG 6.03

aus + Dativ		von + Dativ	
• aus dem	Bus	• vom	Arzt/Fußballplatz
• aus dem	Hotel	• vom	Meer
• aus der	S-Bahn	• von der	Tankstelle

Woher kommt Luise?
Schreiben Sie.

Patrick

Luise kommt ...
... von Patrick.

2 Lokale Präpositionen ÜG 6.03

mit Akkusativ	mit Dativ
• durch den Park	• an dem See vorbei
• über die Straße	• bis zum Westend
• die Straße entlang	• gegenüber der S-Bahn-Station /
• um die Oper (herum)	der S-Bahn-Station gegenüber

Zeichnen Sie kleine Bilder zu den Wörtern *durch, über* ...

3 Verbindungsadverb: *deshalb* ÜG 10.05

Grund	Resultat/Konsequenz		
		Position 2	
Tommy mag Tiger.	Deshalb	möchte	er in den Zoo gehen.
	Er	möchte	deshalb in den Zoo gehen.

Was machen Sie?
Schreiben Sie Sätze mit *deshalb*.

1 Heute regnet es.

Deshalb ...

2 Morgen ist Feiertag.
3 Am Wochenende hat eine Freundin / ein Freund Geburtstag.

4 Wortbildung ÜG 11.02

Verb	→	Adjektiv
benutzen	→	benutzbar

Nomen	→	Adjektiv
der Sturm	→	stürmisch
das Eis	→	eisig

trinken *bar*

Wie ist das Wetter heute in Ihrem Heimatland? Ergänzen Sie.

Es ist _____ .

Kommunikation

EINEN WEG BESCHREIBEN: Nach der Kreuzung müssen Sie links abbiegen.

Gehen Sie über die Straße / durch den Stadtpark.

Sie kommen an ... vorbei.

Am anderen Ende sehen Sie ...

Geht die Straße entlang (bis zum/zur ...)

Nach ein paar Metern seid ihr schon ...

Ihr nehmt die S8 / ... und fahrt bis zum/zur ...

Der Eingang / ... ist (genau) gegenüber. ...

Du fährst über die Brücke und dann ...

Sie fahren um den Kreisverkehr herum und nehmen die dritte Ausfahrt.

Sie fahren immer geradeaus bis zur / zu einer Kreuzung.

Nach der Kreuzung müssen Sie / musst du links/rechts abbiegen.

ETWAS BEWERTEN: Mir ist aufgefallen, dass ...

Mir ist aufgefallen, dass ... Das finde ich interessant./furchtbar.

Am besten gefällt/gefallen mir (in Deutschland) ...

Am schlimmsten finde ich ...

Ich fahre/gehe/mag/... lieber ...

Hier seht ihr ein Foto. | Ich zeige euch ein Foto (von ...).

*Bei uns / In meiner Heimat ist das anders (als hier). /
nicht so (wie hier). /genauso (wie hier).*

Es gibt (viel) mehr/weniger ...

Sehen Sie das Bild an und beschreiben Sie den Weg.

Du gehst ...

Sie möchten noch mehr üben?

5 | 18–20
AUDIO-
TRAINING

VIDEO-
TRAINING

Lernziele

Ich kann jetzt ...

A ... Ortsangaben machen:
Am Barbarossaplatz bin ich aus dem Bus gestiegen. ⌣ ☺ ☹

B ... Wege beschreiben:
Geht rechts die Straße entlang bis zum Opernplatz. ☺ ☹ ☹

C ... eine Konsequenz nennen:
Ich stehe im Stau. Deshalb schaffe ich es nicht. ☺ ☹ ☹
... Verkehrsnachrichten verstehen: *Auf der A81 gibt es Stau.* ☺ ☹ ☹

D ... Informationen zum Wetter verstehen: *Sturm und Eis haben
gestern für Chaos auf Deutschlands Straßen gesorgt.* ☺ ☹ ☹

E ... über den Verkehr in meinem Heimatland sprechen:
Der Verkehr in meinem Heimatland ist nicht so wie hier. ☺ ☹ ☹

Ich kenne jetzt ...

... 5 Wörter zum Thema *Wetter*:
stürmisch, ...

... 5 Wörter zum Thema *Straßenverkehr*:
der Stau, ...

Sonst noch was?

1 Was meinen Sie? Welche Sätze passen zu welchem Foto? Ordnen Sie zu.
Sehen Sie dann den Film und vergleichen Sie.

a ◯ „Mal gehe ich am Fluss entlang."

b ① „Immer nur Paul! Mir reicht's jetzt!
Ich muss raus!"

c ◯ „Mal gehe ich über die Brücke."

d ◯ „Ich gehe die Straßen entlang."

e ◯ „Mal gehe ich durch den Park."

f ◯ „Er kann auch sehr lieb sein, mein Paul."

2 Sind Sie auch manchmal wütend? Erzählen Sie.

> *Ich bin auch manchmal wütend. Zum Beispiel, wenn jemand immer zu spät kommt oder ...*

5 ◀)) 21 ## Ich fahre mit ...

Hören Sie und ergänzen Sie das Rätsel und die Lösung.

	1	2	3	4	5	6	7	8	9	10	11	12	13	14	15	
... mit	d	e	r		S	t	r	a	ß	e	n	b	a	h	n	A
... mit																B
... mit																C
... mit																D
... mit						—										E
... mit																F
... mit																G

Lösung: ☐ ☐ ☐   ☐ ☐ ☐ ☐   ☐ ☐   ☐ ☐ ß

G8 G6 D7   C7 D2 G7 D2   C5 F6   D5 B6 A9

SIE SIND DAS PROBLEM NR. 1: DIE ANDEREN!

Straßenverkehr könnte so schön sein. Aber meistens sind wir nicht allein unterwegs. Leider sind da auch noch diese vielen schrecklichen anderen Verkehrsteilnehmer. Sie wollen uns immer nur ärgern. Sagen Sie doch mal: Wer nervt Sie am meisten?

Ganz klar: ==die Radfahrer. Für die gibt es ja überhaupt keine==
5 ==Regeln.== Eine Einbahnstraße? So was kennen die gar nicht.
==Die fahren einfach, wie sie wollen.== Und die Fußgänger sind
auch nicht besser. Die sind ja schon wütend, wenn man nur
mal fünf Minuten auf dem Bürgersteig parkt. Wo soll ich denn
sonst parken? Es gibt doch fast keine Parkplätze mehr.

10 Mich nerven vor allem die Fußgänger. Die passen nicht auf.
Immer laufen sie einem vors Rad. Deshalb muss ich auch
dauernd bremsen. Ja, und dann die vielen Autofahrer! Die
parken ein und dann machen sie ganz schnell die Autotür
auf. Sehen sie dabei nach hinten? Nein, natürlich nicht. Für
15 Radfahrer ist so was supergefährlich. Aber das ist denen
ja egal!

Na, da sind erst mal diese rücksichtslosen Autofahrer. Die
machen mich richtig krank. Die parken einfach auf unseren
Bürgersteigen. Aber die Radler nerven schon auch. Die fahren
20 einfach durch die Fußgängerzone. Und das auch noch richtig
schnell. Stellen Sie sich das mal vor! Da sind doch auch alte
Leute und Kinder. Also, ich kann das nicht verstehen.

1 Lesen Sie nur die Überschrift und sehen Sie die Fotos an. Was meinen Sie? Worum geht es im Text?

2 Lesen Sie nun den ganzen Text. Markieren Sie: Wer nervt warum? Ergänzen Sie dann die Tabelle.

Wer nervt?	Radfahrer	Fußgänger	Autofahrer
Warum?	kennen keine Regeln fahren, wie sie wollen ...		

Reisen

Folge 12: *Die Qual der Wahl!*

1 Was meinen Sie? Sehen Sie die Fotos an.
Was machen Lara und Tim? Sprechen Sie.

> *Die Fotos sehen ja lustig aus. Vielleicht …*

2 Was meinen Sie? Welches Foto passt?

a Sehen Sie die Fotos 3 bis 8 an und ordnen Sie zu.

Foto

A ◯ Die haben auch günstige Zimmer.
B ◯ Möchtest du mit mir in die Berge fahren?
C ③ Das ist an der Ostsee. Wie man sieht, gibt es da gutes Essen und schöne Hotels direkt am Meer.
D ◯ Hättest du vielleicht Lust auf eine Fahrradtour?
E ◯ Meine Urlaubsidee: Keine Wahl, keine Qual! Wir fahren ohne Ziel los.
F ◯ Wir könnten nach Österreich fahren und Wien besichtigen.

b Hören Sie und vergleichen Sie. 5 ◀)) 22–29

Hotel Ostsee
Zweibettzimmer 100,- €

Achtung!!!
Sonderpreis Nachsaison
ab 1. September nur 75,- €
pro Zimmer und Nacht

5 ◀)) 22–29 **3 Was passt? Hören Sie noch einmal und verbinden Sie.**

Vorschläge
a Urlaub an der Ostsee
b Fahrradtour an der Mosel
c Besichtigung von Wien
d Bergsteigen
e am nächsten Tag weiter Ideen sammeln

Was spricht dagegen?
Davon ist Lara nicht besonders begeistert.
Es gibt schon zu viele Vorschläge.
Es gibt keine preiswerten Unterkünfte.
Tim möchte lieber eine große Stadt ansehen.
Lara war schon einmal dort.

Tims Film

4 Träumen Sie: Wo würden Sie gern Urlaub machen?
Was würden Sie gern sehen?

Ich möchte unbedingt New York sehen! Das ist schon lange mein Traum.

Und ich würde gern nach Südafrika fahren. Ich möchte so gern mal wilde Tiere beobachten.

A Wollen wir **an die** Mosel fahren?

A1 Wollen wir ...?

5 ◀)) 30 **a** Verbinden Sie. Hören Sie dann und vergleichen Sie.

1 Wollen wir an	die Berge fahren.
2 Wir könnten nach	die Mosel fahren?
3 Wir könnten in	Österreich fahren.

b Markieren Sie in a und ergänzen Sie die Tabellen.

Wohin?	
....	• die Ostsee / • den Atlantik / • den Strand / • den See / • die Küste / • die Mosel /...
ans	• Meer
auf	• einen Berg / • eine Insel
aufs	• Land
....	• den Schwarzwald / • die Wüste / • die Berge /... • den Süden / Norden / Osten / Westen
ins	• Gebirge

WIEDERHOLUNG

Wohin?	
....	Österreich / Deutschland /...
nach	Wien / Berlin /...
in	die Schweiz

A2 Wohin fährt Julius zuerst? Und danach?

5 ◀)) 31 **a** Hören Sie und sortieren Sie. Sprechen Sie dann.

> *Zuerst fährt Julius in den Dschungel. Dann fährt er ...*

◯ • das Meer   ① • der Dschungel   ◯ • das Land   ◯ • die Berge   ◯ • der Bodensee   ◯ • die Wüste

b Kettenspiel: Wohin fahren Sie zuerst? Und danach?

◆ Zuerst fahre ich in die Wüste.

○ Zuerst fahre ich in die Wüste. Dann fahre ich aufs Land.

▲ Zuerst fahre ich in die Wüste. Dann fahre ich aufs Land. Und danach ...

A3 Was machen Sie in den Sommerferien?

a Wer sagt was? Lesen Sie die Texte und ordnen Sie zu.

◯
> *Meine Kinder lieben Tiere. Deshalb fahren wir aufs Land.*

◯
> *Wir machen immer Urlaub in den Bergen und am Meer, denn wir besuchen unsere Familien.*

◯
> *Zuerst besuche ich Freunde und dann fahren wir gemeinsam ans Meer.*

1

Vesela

Wir leben in Luxemburg und fahren jedes Jahr in den Süden. Wir besuchen im Sommer unsere Familien in Bulgarien. Meine Heimatstadt liegt am Schwarzen Meer. Wenn wir dort sind, gehen wir oft an den Strand. Die Kinder mögen es sehr: Sie baden und spielen den ganzen Tag im Sand. Ich bin nicht so gern am Strand.
5 Mir ist es zu heiß. Nach drei Wochen fahren wir weiter zur Familie von meinem Mann Milan in die Berge. Es ist kühler, das mag ich sehr. Wir haben jedes Jahr den perfekten Urlaub: erst am Meer und dann in den Bergen.

2
Sabine

Diesen Sommer bleiben wir in der Nähe und fahren aufs Land. Wir haben eine Ferienwohnung auf einem Bauernhof gemietet. Es gibt viele Tiere: Kühe, Pferde,
10 Schafe, Hunde und Katzen. Das finden unsere Kinder toll. Außerdem ist die Luft auf dem Land sehr gut. Wenn es heiß wird, können wir auch an den Titisee fahren. Dort gibt es ein schönes Strandbad, und man kann am See auch Boote mieten.

3
Pablo

Ich fahre nach Frankreich und besuche Freunde in Bordeaux. Eine Woche bleibe ich dort. Ich möchte dort ein Festival besuchen und ein paar Sehenswürdigkeiten
15 anschauen, aber vor allem möchte ich sehen, wie meine Freunde leben. Danach fahren wir alle zusammen an den Atlantik. Ich freue mich schon sehr darauf, denn ich war lange nicht mehr am Meer. Aber für mich ist das kein „echtes" Meer, weil das Wetter oft schlecht ist. Ich finde, dass am Strand gutes Wetter sein muss – so wie bei uns in Spanien.

b Lesen Sie die Texte noch einmal und korrigieren Sie.

1 Am Schwarzen Meer ist es Vesela zu heiß, aber ihrem Mann gefällt das.
~~Veselas~~ Familie lebt in Bulgarien in den Bergen.   *Milans*

2 Sabines Kinder finden die frische Luft auf dem Bauernhof toll.
Wenn es zu heiß wird, fährt die Familie ans Meer in ein Strandbad.

3 Pablo bleibt drei Wochen in Bordeaux.
Danach fährt er nach Spanien.

A4 Wir fahren in den Süden.

a Markieren Sie die Wörter in den Texten in A3a wie im Beispiel. Ergänzen Sie dann die Tabellen.

Wohin?	Wo?		Wohin?	Wo?
in den Süden	im Süden		_____ Frankreich	_____ Bulgarien
ans Meer	_____ Meer		nach Bordeaux	_____ Bordeaux
_____ Berge	_____ Bergen		in die Türkei	in der Türkei
_____ Land	_____ Land			
_____ See	_____ See			
auf eine Insel	auf einer Insel			

WIEDERHOLUNG

b Spielen Sie Gespräche.

Meer Wien Alpen Süden Berge eine Insel die Türkei Schweden …

heiß langweilig kalt windig laut anstrengend gefährlich trocken …

◆ Wir könnten im Sommer doch in die Berge fahren!
○ Ach nein, in den Bergen ist es zu langweilig.
◆ Schade! Aber wir könnten …

B Gutes Wetter wäre auch nicht schlecht.

5 ◀)) 32 **B1** Was ist für Lara und Tim im Urlaub wichtig? Wissen Sie es noch? Kreuzen Sie an.
Hören Sie dann und vergleichen Sie.

	schöne Land-schaften	nette Leute	gutes Wetter	leckeres Essen	interessante Städte
Lara	○	○	○	○	○
Tim	○	○	○	○	○

• der	→ guter	Wein
• das	→ gutes	Wetter
• die	→ interessante	Umgebung
• die	→ nette	Leute

B2 Unterkünfte

a Überfliegen Sie die Anzeigen. Zu welchem Foto passen die Unterkünfte? Ordnen Sie zu.

1 **Pension Meerblick** – Familienfreundliche Pension in ruhiger Lage mit schönem Blick aufs Meer. Alle Einzel- und Doppelzimmer mit Bad oder Dusche/WC. Wir bieten freundlichen Service und leckeres Frühstück mit regionalen Produkten. Auf Wunsch auch Halbpension!

○ Salzkammergut (A)

2 **Almtal Camping:** Wunderschöner Campingplatz direkt am See im Almtal. Natur und Entspannung pur! Erleben Sie schöne Wandertouren in unseren Bergen und Tälern oder entspannen Sie sich auf unserer Badewiese direkt am See!

○ Schleswig-Holstein (D)

b Suchen und markieren Sie die Wörter in a wie im Beispiel.
Ergänzen Sie dann die Tabelle.

• den	→ _____ Service	dem	→ mit _____ Blick
• das	→ _____ Frühstück	dem	→ mit leckerem Frühstück
• die	→ ruhige Lage	der	→ in *ruhiger* Lage
• die	→ _____ Wandertouren	den	→ mit _____ Produkten

c Ergänzen Sie.

1 Romantisch_____ • Berghütte mit schön_____ • Blick ins
Tal und ohne laut*en* • Verkehr.

2 Ruhig*er* • Bauernhof mit viel_____ • Tieren,
groß_____ • Spielwiese und kostenlos_____ • Fahrradverleih.

3 Familienfreundlich_____ • Hotel mit günstig_____
• Zimmern in zentral_____ • Lage.
Nur fünf Minuten zum Schloss und ins historische Zentrum mit
zahlreich_____ • Sehenswürdigkeiten.

4 Billig_____ • Übernachtung neben dem berühmt_____ • Dom.
Modern_____ • Jugendherberge für Jung und Alt.

den → ohne lauten Verkehr

🔁 **B3** Entspannung und Freizeit. Was mögen Sie?
Machen Sie Notizen und sprechen Sie
mit Ihrer Partnerin / Ihrem Partner.

Ich mag lange Spaziergänge, …

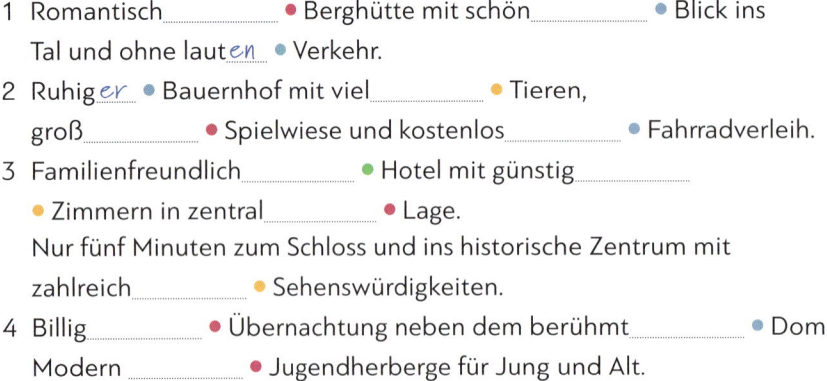
Das mag ich:
lange Spaziergänge
schönes Wetter
…

5 ◀) 33–35 **C1 Eine Reise planen**

a Welches Gespräch passt? Hören Sie und ordnen Sie zu.

○

HERBSTANGEBOTE
Städtereisen ab **189 Euro**
inkl. Bahn und Hotel

○

Schon ab **8 Euro**
pro Stunde!

○ **Fluxbus**
für nur **14,90 Euro**
durch Deutschland

b Was ist richtig? Hören Sie noch einmal und kreuzen Sie an.

1 Frau Eichhorn braucht ein Auto für die Fahrt nach ○ Freiburg. ☒ Frankfurt.
   Sie mietet einen Wagen für ○ 63 Euro. ○ 300 Euro.
2 Herr Demir hat ○ online ○ telefonisch eine Busfahrt gebucht.
   Er ○ fährt direkt nach Dresden. ○ hat über eine Stunde Aufenthalt in Berlin.
3 Frau Joost möchte eine Städtereise für vier Tage ○ nach Köln ○ nach Hamburg buchen.
   Für die Städtereise gibt es ○ von September an ○ von Oktober an wieder freie Plätze.

> über eine Stunde = mehr als eine Stunde
> von Oktober an = ab Oktober

C2 Rollenspiel

Lesen Sie die Anzeige und fragen Sie im Reisebüro nach.

Bus Müller – Ihr Spezialist für Busreisen

Viele Sonderangebote, zum Beispiel:

Berlin - Hamburg	ab 29 Euro
Wien - Prag	ab 39 Euro
Zürich - Kiel	ab 49 Euro

Im Reisebüro – Kunde/Kundin
Sie möchten Ihre Verwandten
in … besuchen. Informieren Sie
sich in einem Reisebüro.

Im Reisebüro – Angestellter/Angestellte
Geben Sie Auskunft. Die günstigen
Busreisen sind leider schon ausgebucht.
Aber es gibt noch andere Angebote.

Ich möchte die Reise / den Bus nach … buchen.	*Für wie viele Personen? Wann?*
Für … Personen.	*Es ist leider kein Platz mehr frei. /*
Von … bis …	*Der Termin ist leider schon ausgebucht.*
	Aber von … an haben wir wieder freie Plätze.
	Wir haben auch noch andere Angebote:
	Mit dem Bus für … Euro nach …
Was kostet die Reise?	*Das macht … Euro.*
Wie lange dauert denn die Fahrt?	*Sie können am … um … abfahren.*
	Und sind dann um … am Ziel.
Ist das eine Direktverbindung?	*Ja. / Nein, Sie müssen in … umsteigen*
	und haben … Aufenthalt.

D Nachrichten schreiben

D1 Komm mich besuchen!

a Lesen Sie die Nachrichten und ordnen Sie die Antworten zu.

1

Freue mich so auf Deinen Besuch am Wochenende! Was möchtest Du in Luzern machen? Wir könnten wandern. Von den Bergen hat man einen wunderschönen Blick auf den Vierwaldstättersee. Wir könnten aber natürlich auch Kanu fahren oder surfen. Oder hast Du eher Lust auf eine Stadtführung? Die Altstadt hier ist wunderschön! Wir können aber auch eine Ausstellung ansehen ...

2

Wann kommst Du mich besuchen? Ich möchte Dir so gern Leipzig zeigen. Du musst unbedingt die bekannte Nikolaikirche und die Thomaskirche sehen.

 Und hast Du schon mal Leipziger Allerlei gegessen? Das kannst Du hier probieren. Nirgends schmeckt es besser als bei uns.

3

Der Umzug ist geschafft! Komm doch mal nach Kappeln. Du bist herzlich eingeladen. Hier kann man wunderbar am Wasser spazieren gehen und Vögel beobachten oder Rad fahren. Oder möchtest Du vielleicht Deutschlands kleinste Stadt Arnis besuchen? Wir könnten auch nach Schleswig fahren, wenn Du Lust auf einen Ausflug mit dem Schiff hast. Ich freue mich auf Dich!

A Klingt super! Du weißt ja, ich mache total gern Fahrradtouren.

B Hm. Sieht lecker aus. Das muss ich unbedingt probieren!

C Ach, mal sehen. Das entscheiden wir dann. Ich packe auf jeden Fall die Wanderstiefel ein. ;-)

Nachricht	1	2	3
Antwort			

b Welche Nachricht passt? Lesen Sie noch einmal und ordnen Sie zu.

1 ② Es gibt hier leckere Spezialitäten.
2 ○ Die Berge und das Wasser bieten viele Sportmöglichkeiten.
3 ○ Man kann Spaziergänge machen und Vögel sehen.
4 ○ Die Stadt hat ein schönes altes Stadtzentrum.
5 ○ Die Stadt ist bekannt für ihre Kirchen.
6 ○ Man kann Ausflüge mit dem Schiff oder dem Fahrrad machen.

SCHON FERTIG? Was kann man an Ihrem Wohnort/Geburtsort machen? Schreiben Sie.

D2 Sie laden eine Freundin / einen Freund zu sich ein. Schreiben Sie eine Nachricht.

– Laden Sie eine Freundin / einen Freund zu sich ein.
– Machen Sie zwei bis drei Vorschläge (Sport/Kultur/Essen/Ausflüge):
  Was könnten Sie gemeinsam machen?
– Sagen Sie, dass Sie sich auf den Besuch freuen.

Wann ...? | Komm doch mal nach ... | Du bist herzlich eingeladen.
Wir könnten ... gehen./fahren./besichtigen./anschauen. | Ich möchte Dir so gern ... zeigen.
Du musst unbedingt ... sehen. | Hast Du Lust auf ...? | Möchtest Du vielleicht ...?
Du kannst ... probieren. Das schmeckt ... | Bis bald! | Ich freue mich auf Dich!

5 ◀)) 36 **E1 Luiza und Emilio planen einen Wochenendausflug.**

a Wohin fahren sie? Hören Sie und kreuzen Sie an.

○ Lüneburger Heide   ○ Lübeck   ○ Ostsee

b Hören Sie noch einmal und notieren Sie die Antworten.

1 Welchen Vorschlag macht Emilio?   *nach Lübeck fahren*
2 Welchen Vorschlag macht Luiza?
3 Worauf einigen sich die beiden?
4 Was wollen sie dort machen?
5 Wie kommen sie dorthin?
6 Wo übernachten sie?

E2 Etwas planen: Ordnen Sie zu.

~~Wollen wir …?~~ ~~Ja, gut, machen wir es so.~~ ~~Also, ich weiß nicht. Ich bin dagegen.~~ Ich habe da eine Idee.
Das ist aber keine gute Idee. Lass uns doch … Ich bin dafür. Ach nein, darauf habe ich keine Lust.
Ich habe da einen Vorschlag. Darf ich einen Vorschlag machen? Super. Das ist eine gute Idee.

Vorschläge machen	einen Vorschlag annehmen	einen Vorschlag ablehnen
Wollen wir …?	Ja, gut, machen wir es so.	Also, ich weiß nicht. Ich bin dagegen.

⇄ E3 Wir machen einen Ausflug.

a Machen Sie Notizen zu den Fragen.

Wohin?   Womit?   Was machen?   Wo übernachten?

> Wohin? in die Berge
> Womit? …
> Was machen? wandern
> Wo übernachten? …

b Sprechen Sie zu dritt. Benutzen Sie Sätze aus E2. Einigen Sie sich.

◆ Wollen wir in die Berge fahren und dort wandern?
○ Oh, nein. Darauf habe ich keine Lust. Das ist zu anstrengend. Ich möchte am Wochenende faulenzen.
▲ Und ich würde mir gern eine Stadt ansehen.
◆ Dann lasst uns doch nach Konstanz fahren. Dort könnten wir …
○ Einverstanden. Das ist eine gute Idee. Und wie kommen wir dorthin?
   …

c Worauf haben Sie sich geeinigt? Erzählen Sie im Kurs.

> *Wir fahren am Wochenende nach Konstanz. Wir wollen dort …*

Grammatik und Kommunikation

Grammatik

1 Lokale Präpositionen ⓊⒼ 6.02

	Wo? – Dativ		Wohin? – Akkusativ	
an	• am	Atlantik	• an den	Atlantik
	• am	Meer	• ans	Meer
	• an der	Küste	• an die	Küste
auf	• auf dem	Land	• aufs	Land
	• auf der	Insel	• auf die	Insel
in	• im	Schwarzwald	• in den	Schwarzwald
	• im	Gebirge	• ins	Gebirge
	• in der	Wüste	• in die	Wüste
	• in den	Bergen	• in die	Berge

Wo sind die Personen?
Wohin fahren/gehen sie?
Schreiben Sie.

Dschungel   Insel   Strand

Wo?	Wohin?
Er ist im Dschungel. Sie ...	Er fährt in den ...

2 Adjektivdeklination ohne Artikel ⓊⒼ 4.03

Nominativ	Akkusativ	Dativ
• schöner Blick	schönen Blick	schönem Blick
• leckeres Frühstück	leckeres Frühstück	leckerem Frühstück
• schöne Lage	schöne Lage	schöner Lage
• regionale Produkte	regionale Produkte	regionalen Produkten

Schreiben Sie eine Anzeige zu dem Hotel.

Schönes Hotel ...

3 Temporale Präpositionen ⓊⒼ 6.01

von ... an + Dativ	über + Akkusativ
Von Oktober an gibt es wieder freie Plätze.	Er hat über eine Stunde Aufenthalt in Berlin.

4 Modale Präposition *ohne* + Akkusativ ⓊⒼ 6.04

den → ohne lauten Verkehr

Ordnen Sie zu und schreiben Sie.

~~neben~~ ~~ohne~~ aus durch
von ... an vor zwischen in seit

den/das/die   dem/dem/der

für	an	mit
um	auf	nach
bis	unter	gegenüber
ohne	neben	bei

Das Regal ist neben meinem Schreibtisch.
Ich stelle das Regal neben meinen Schreibtisch. ...

Kommunikation

EINE REISE BUCHEN: Ich möchte die Reise nach … buchen.

Ich möchte die Reise /	*Für wie viele Personen? Wann?*
den Bus nach … buchen.	
Für … Personen.	*Es ist leider kein Platz mehr frei. /*
Von … bis …	*Der Termin ist leider schon ausgebucht.*
	Aber von … an haben wir wieder freie Plätze.
	Wir haben auch noch andere Angebote:
	Mit dem Bus für … Euro nach …
Was kostet die Reise?	*Das macht … Euro.*
Wie lange dauert denn	*Sie können am … um … abfahren.*
die Fahrt?	*Und sind dann um … am Ziel.*
Ist das eine Direktverbindung?	*Ja. / Nein, Sie müssen in … umsteigen und*
	haben … Aufenthalt.

SCHRIFTLICHE EINLADUNG: Du bist herzlich eingeladen.

Wann …? | Komm doch mal nach … | Du bist herzlich eingeladen.
Wir könnten … gehen. / fahren. / besichtigen. / anschauen.
Ich möchte Dir so gern … zeigen. | Du musst unbedingt … sehen.
Hast Du Lust auf …? | Möchtest Du vielleicht …? | Du kannst … probieren.
Das schmeckt … Bis bald! | Ich freue mich auf Dich!

VORSCHLÄGE: Wollen wir …?

Wollen wir …?	*Ja, gut, machen wir es so. /*
	Ach nein, darauf habe ich keine Lust.
Lass uns doch …	*Super. Das ist eine gute Idee. /*
	Das ist aber keine gute Idee.
Ich habe da einen	*Ich bin dafür. / Ich bin dagegen.*
Vorschlag. / eine Idee.	*Also, ich weiß nicht.*
Darf ich einen Vorschlag	
machen?	

---

1 Schreiben Sie Gespräche und zerschneiden Sie sie.

◇ Ich möchte die Reise nach Frankfurt buchen.
○ Für wie viele Personen?
◇ Für zwei Personen.

2 Sortieren Sie die Gespräche dann.

Mein Ort. Machen Sie fünf Vorschläge.

Komm nach …!
Wir könnten …
Ich möchte Dir
so gern … zeigen.
Du …

Sie möchten noch mehr üben?

5 | 37–39 AUDIOTRAINING

VIDEOTRAINING

Lernziele

Ich kann jetzt …

A … sagen, wohin ich gern reise und wo ich gern im Urlaub bin:
Danach fahre ich aufs Land. _____ ☺ ☹ ☹

B … über Entspannung und Freizeit sprechen:
Ich mag lange Spaziergänge. _____ ☺ ☹ ☹
… Anzeigen verstehen: *Familienfreundliches Hotel mit …* _____ ☺ ☹ ☹

C … etwas buchen:
Ich möchte die Reise nach Hamburg buchen. _____ ☺ ☹ ☹

D … Nachrichten schreiben: *Komm doch mal nach …* _____ ☺ ☹ ☹

E … einen Wochenendausflug planen:
Wollen wir am Wochenende in die Berge fahren? _____ ☺ ☹ ☹

Ich kenne jetzt …

… 8 Regionen und Landschaften:
der Schwarzwald,
die Berge, …

… 6 Unterkünfte:
der Campingplatz, …

FILM

An der Donau entlang

 1 Sehen Sie den Film an. Was ist richtig? Kreuzen Sie an.

a ○ Markus Schneider geht immer allein wandern.

b ☒ Er macht eine Wanderung an der Donau.

c ○ Er wandert zu Fuß und fährt auch mit dem Fahrrad.

d ○ Kelheim ist eine Stadt am Rhein.

e ○ In der Nähe von Kelheim liegt ein altes Denkmal: die „Befreiungshalle".

f ○ Beim „Donaudurchbruch" ist der Fluss ganz breit.

2 Wandern Sie auch gern?
Wo sind Sie schon gewandert?
Erzählen Sie.

> *Ich wandere nicht gern, das finde ich langweilig.*

LANDESKUNDE

Kelheim, die Stadt im Fluss

Kelheim liegt fast genau in der Mitte von Bayern und hat etwa 16.000 Einwohner. Sie nennt sich selbst „Stadt im Fluss". Das hat
5 einen doppelten Sinn. Erstens liegt ein Teil von Kelheim wirklich zwischen zwei Flüssen. Zweitens bedeutet „im Fluss sein" im Deutschen auch: sich bewegen, wei-
10 terkommen. In Kelheim bewegt sich ziemlich viel. Zum Beispiel fließt hier die Altmühl in die Donau. Die Donau kennt jeder. Sie ist fast 3.000 Kilometer lang und
15 fließt durch halb Europa. Die

Altmühl ist nur ein ganz kleiner Fluss. Aber sie ist auch wichtig. Ihre letzten 34 Kilometer gehören nämlich zum Rhein-Main-Donau-
20 Kanal. Nur weil es diesen Kanal gibt, kann man mit dem Schiff von der Nordsee durch Holland, Deutschland, Österreich, die Slowakei, Serbien, Bulgarien und
25 Rumänien bis ins Schwarze Meer fahren. Auf dem langen Weg fährt man irgendwann auch durch Kelheim, die kleine schöne Hafenstadt mitten in Bayern.

Lesen Sie den Text und korrigieren Sie die Sätze.

a ~~Am Rand~~ von Bayern liegt die Stadt Kelheim. *In der Mitte*

b Sie hat sechzigtausend Einwohner. _____

c Die Stadt heißt auch „Stadt im Wasser". _____

d Hier fließt der Rhein in die Donau. _____

e Die Donau fließt durch ganz Deutschland. _____

f Von Kelheim aus kann man mit dem Schiff bis ins Rote Meer fahren. _____

Städte-Quiz

Donaudurchbruch

Befreiungshalle bei Kelheim

Wappen der Stadt Kelheim

Rhein-Main-Donau-Kanal

Nun wissen Sie schon eine Menge über Kelheim
an der Donau. Aber natürlich gibt es noch viel mehr
Informationen über diese kleine Stadt.

1 Finden Sie im Kurs Antworten auf alle Fragen?
Sehen Sie auch im Internet nach.

a Seit wann gibt es den Rhein-Main-Donau-Kanal?
b Wie alt ist die Stadt Kelheim?
c Was für ein Bier trinkt man aus einem solchen Glas?
d Aus Kelheim kommt ein berühmtes Bier. Wie heißt es?

2 Machen Sie mit Ihrer Partnerin / Ihrem Partner ein Quiz zu einer Stadt.
Tauschen Sie mit einem anderen Paar.

> Wie alt ist die Stadt Kabul?
> ...

Auf der Bank

Folge 13: Was du heute kannst besorgen, ...

1 Was passt? Ordnen Sie zu.

◯ • die Kontonummer   ◯ • der Kontoauszug   ③ • das Geld abbuchen

KONTOAUSZUG		1

GeldPlus Bank	BLZ 100 900 44	2 Konto 0532013000
Buchung	VORGANG	Betrag
27.7.	3 Auszahlung Firma NMC	EUR 29,99

2 Was ist richtig?

6 ◀)) 1–8

Sehen Sie die Fotos an, hören Sie und kreuzen Sie an.

a Frau Sicinski hat ein Problem ◯ mit ihrer Bank. ◯ mit dem Internet.

b Sie möchte gern ◯ Aktien kaufen. ◯ ein Konto eröffnen.

Tims Film

3 Was passt? Hören Sie noch einmal und verbinden Sie.

6 ◀)) 1–8

a Frau Sicinski sieht auf ihrem Konto-auszug, dass NMC 29,99 € von ihrem Konto abgebucht hat.

b Tim meint, dass Frau Sicinski zu ihrer Bank gehen soll.

c Deshalb geht Tim mit Frau Sicinski zu seiner Bank.

d Zum Schluss wird sogar Frau Sicinskis Frage zu der Abbuchung beantwortet:

NMC ist eine Telefongesellschaft. Auch Frau Sicinski ist Kundin dort.

Dort eröffnet Frau Sicinski ein neues Konto. Die Bank kümmert sich auch um ihr altes Konto.

Aber das möchte Frau Sicinski nicht, weil sie ihr dort immer etwas verkaufen wollen.

Sie ärgert sich, weil sie die Firma nicht kennt, und bittet Tim um Hilfe.

4 „Was du heute kannst besorgen, das verschiebe nicht auf morgen."

Was verschieben Sie oft? Erzählen Sie.

> *Ich putze nicht gern Fenster. Das verschiebe ich immer wieder. ...*

A Können Sie mir sagen, **was** ich da **tun muss**?

6 ◀)) 9 **A1 Hören Sie und ergänzen Sie. Ergänzen Sie dann die Tabelle.**

◆ Ich will nur ein Konto.
Können Sie mir sagen,

_____

_____ ?

○ Wissen Sie noch,

_____

_____ :

Meine Bank ist okay.

A2 Am Bankschalter: Schreiben Sie.

> Ich möchte ein Konto
> eröffnen. Können Sie
> mir sagen, ...?

Können Sie mir sagen,	was	ich da	tun muss ?
Wissen Sie (noch),			

auch so: wo, wie, wann, ...

a *wie man das Formular ausfüllt* ?
Wie füllt man das Formular aus?

b _____ ?
Wie lange muss man auf die EC-Karte warten?

c _____ ?
Wo kann man Geld abheben?

SCHON FERTIG?
Auf der Post,
im Supermarkt,
im Amt, ...
Schreiben Sie Fragen.

d _____ ?
Wann haben hier die Banken geöffnet?

e _____ ?
Wo kriege ich Kontoauszüge?

⇆ **A3 Meine Bank**

a Machen Sie Notizen zu den Fragen.

	Ich	Meine Partnerin / Mein Partner
Wie heißt deine Bank?		
Wann hat deine Bank geöffnet?		
Wo ist der nächste Geldautomat?		
Was kostet ein Girokonto bei deiner Bank?		

b Fragen Sie dann Ihre Partnerin / Ihren Partner und notieren Sie die Antworten.
Beginnen Sie Ihre Fragen mit: *Kannst du mir sagen, ...* oder *Weißt du, ...*

SCHON FERTIG? Finden
Sie noch mehr Fragen.

> Kannst du mir sagen, wann
> deine Bank geöffnet hat?

> Ja, meine Bank hat von
> Montag bis Freitag von ...

> Nein. Ich habe
> gar kein Konto.

B1 Wer möchte was wissen? Verbinden Sie.

> Darf ich fragen, ob Sie Ihren Personalausweis dabei haben?

> Könnten Sie mal nachsehen, ob das Kriminelle sind?

| Haben Sie Ihren Ausweis dabei? | Ja./Nein. |

Darf ich fragen, ob Sie Ihren Ausweis dabei haben?

B2 Welche Erklärung passt? Verbinden Sie.

a in Raten zahlen

b Bargeld

c die Zinsen

Man bezahlt sie, wenn man sich Geld leiht. Oder man bekommt sie, wenn man Geld spart.

Man bezahlt nicht die ganze Summe auf einmal, sondern z. B. monatlich einen bestimmten Betrag.

Geldscheine und/oder Münzen.

6 ◀)) 10–11 B3 Was fragen die Leute? Ergänzen Sie Sätze mit *ob*. Hören Sie dann und vergleichen Sie.

Akzeptieren Sie auch Kreditkarten? Kann ich in Raten zahlen?

a ◆ Das ist schon sehr viel Geld. Das kann ich nicht auf einmal bezahlen.
  Weißt du, _____?
  ○ Keine Ahnung. Frag doch mal den Verkäufer. Aber pass auf!
  Da musst du ganz schön Zinsen zahlen.

b ▲ Ich wollte fragen, _____
  _____?
  ▫ Nein, tut mir leid, wir nehmen hier nur Bargeld.

B4 Fragen Sie im Kurs. Beginnen Sie Ihre Fragen mit: *Ich würde gern wissen, … / Ich wollte dich fragen, …* Wer findet zuerst zu jeder Frage eine Person?

	Wer?
a Hast du schon mal etwas in Raten bezahlt?	Maria
b Bezahlst du im Supermarkt oft mit Karte?	
c Hast du als Kind Taschengeld bekommen?	
d Erledigst du deine Bankgeschäfte online?	
e Hast du eine EC-Karte?	
f Weißt du deine Kontoverbindung (IBAN/BIC) auswendig?	

◆ Ich wollte dich fragen, ob du schon mal etwas in Raten bezahlt hast?
○ Nein, das habe ich noch nie gemacht.
◆ Maria, ich würde gern wissen, ob du schon mal etwas in Raten bezahlt hast?
▲ Ja, ich habe schon mal eine Waschmaschine in Raten bezahlt. …

C Dort können Sie Ihr Konto prüfen **lassen**.

C1 Was macht Frau Sicinski selbst, was lässt sie machen? Kreuzen Sie an.

	Das macht sie selbst.	Das machen andere für sie.
Lassen Sie Ihr Konto prüfen.	○	⊗
Ich putze die Treppe.	○	○
Ich lasse das Fahrrad reparieren.	○	○

	Lassen	Sie Ihr Konto	prüfen.
Sie	lässt	ihr Konto	prüfen.

du	lässt
er/es/sie	lässt

C2 Auto-Inspektion

a Welcher Abschnitt beantwortet die Fragen? Lesen Sie den Text und ordnen Sie zu.

◯ Was wird bei der Inspektion kontrolliert? ◯ Warum sollte ich mein Auto regelmäßig zur Inspektion bringen? ◯ Wie oft sollte ich mein Auto in die Inspektion geben?

1 Für die meisten Autobesitzer ist es normal: Sie bringen ihr Auto vor dem Urlaub zur Kontrolle in eine Werkstatt. Schließlich soll es ja unterwegs nicht kaputtgehen. Aber Sie sollten Ihren Wagen nicht nur vor einer langen Fahrt kontrollieren lassen. Wenn Sie Ihr Auto regelmäßig prüfen lassen, können Sie hohe Reparaturkosten sparen, weil Fehler früh erkannt werden.

2 Wie oft Sie Ihr Auto zur Kontrolle bringen sollten, ist unterschiedlich. Manche Hersteller

empfehlen eine Inspektion nach 20.000 gefahrenen Kilometern, andere schicken Sie schon nach 15.000 Kilometern in die Werkstatt.

3 Bei einer Inspektion wird zum Beispiel die Elektronik geprüft und das Öl kontrolliert und gewechselt. Außerdem werden die Bremsen getestet sowie Batterie und Lichter überprüft. Eines sollten Sie nie vergessen: Sie sollten vor dem Winter die Reifen wechseln lassen.

Sie sollten vor dem Winter die Reifen wechseln lassen.

b Lesen Sie den Text noch einmal. Machen Sie Notizen zu den Fragen. Vergleichen Sie dann mit Ihrer Partnerin / Ihrem Partner.

1 Warum?
2 Wie oft?
3 Was?

1 Reparaturkosten sparen

◆ Warum lassen Autofahrer ihr Auto kontrollieren?
○ Weil sie so Reparaturkosten sparen.
◆ Ja, und weil ...

⇆ C3 Dienstleistungen: Was machen Sie selbst? Was lassen Sie machen?
Fragen Sie und antworten Sie im Kurs.

Wohnung renovieren   Auto waschen   Fahrrad reparieren   Kleider ändern   Haare schneiden   ...

◆ Renovierst du die Wohnung selbst? Oder lässt du sie renovieren, Farid?
○ Ich lasse sie renovieren. Ich kenne mich damit überhaupt nicht aus.

6 ◀)) 12 **D1 Am Bankschalter. Was ist richtig? Hören Sie und kreuzen Sie an.**

a Herr Marzouki möchte …
1 ○ einen Kredit bekommen.
2 ○ Geld einzahlen.
3 ⊠ ein Konto eröffnen.
4 ⊠ einen Dispo haben.

b Er zeigt der Bankangestellten …
1 ○ seinen Pass.
2 ○ seine Meldebestätigung.
3 ○ seinen gültigen Personalausweis.
4 ○ seinen Gehaltsnachweis.

c Per Post bekommt er …
1 ○ die PIN für das Online-Banking.
2 ○ die EC-Karte.
3 ○ eine Broschüre.
4 ○ die Geheimzahl.

D2 Am Geldautomaten Geld abheben: Ordnen Sie zu.

A

B

C

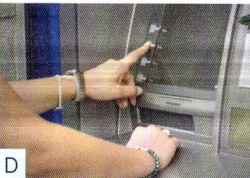
D

E

F

G

H

Ⓑ Drücken Sie auf „Barauszahlung" und dann die Taste „Bestätigung".
○ Wählen Sie den gewünschten Geldbetrag aus.
○ Stecken Sie Ihre EC-Karte in den Geldautomaten.
○ Sie sind fertig.

○ Nehmen Sie das Geld.
○ Sie müssen warten.
○ Tippen Sie Ihre Geheimzahl ein und drücken Sie die Taste „Bestätigung".
○ Nehmen Sie Ihre Karte wieder.

⇄ **D3 In der Bank**

a Welche Fragen/Probleme können Bankkunden haben?
Schreiben Sie mit Ihrer Partnerin / Ihrem Partner drei Kärtchen.

b Kartenspiel: Arbeiten Sie in Gruppen.
Mischen Sie die Kärtchen und ziehen Sie abwechselnd
eine Karte. Was sagen Sie in dieser Situation?

Geheimzahl vergessen

EC-Karte verloren

Geld überweisen: Wie?

Ich möchte …, aber …
Ich weiß nicht, was ich jetzt tun soll.
Würden Sie mir das bitte erklären?
Können Sie mir helfen?
Was soll ich denn jetzt machen?
Können Sie mir sagen/zeigen, wie/was …?

Ich habe meine
Geheimzahl vergessen.
Können Sie mir sagen,
was ich nun tun soll?

E1 Sehen Sie das Bild an. Zu welchen Situationen A bis E passen die Wörter? Ordnen Sie zu.

C • die Spende	• die Geldbörse	• die Spendendose	• der Überfall
• der Strafzettel	• der Parkschein	• das Menü	

SCHON FERTIG? Finden Sie noch weitere Wörter zum Bild.

6 ◀)) 13–17 **E2 Was ist richtig? Hören Sie die Gespräche A bis E und kreuzen Sie an.**

A
☒ Der Passant hat kein Bargeld.
☒ Der Passant möchte dem Räuber das Geld überweisen.

B
○ Dem Gast hat das Essen nicht geschmeckt.
○ Der Ober will die Polizei rufen.

C
○ Die Frau spendet Geld für die Kinderhilfe.
○ Das Kind möchte wissen, wie viel Uhr es ist.

D
○ Der Autofahrer hat kein Kleingeld.
○ Der Autofahrer ist böse, weil er einen Strafzettel bekommt.

E
○ Die beiden Leute sagen, dass die Geldbörse ihnen gehört.
○ Die Geldbörse gehört dem Mann.

E3 Sehen Sie Situation F auf dem Bild auf Seite 160 an.

Schreiben Sie ein Gespräch und spielen Sie im Kurs.

◇ Papa, kaufst du mir ein Eis?

○ Ich habe dir gerade schon ein Eis gekauft.

◇ Ja, aber das ist runtergefallen. Guck mal!
Darüber freut sich jetzt der Hund.

○ Dann musst du besser aufpassen.

◇ Ach Papa, bitte …

△ Hier, mein Junge. Ich hoffe, mein Eis schmeckt dir genauso gut, wie meinem Hund dein Eis schmeckt.

[**SCHON FERTIG?** Schreiben Sie weitere Gespräche zum Bild in E1.

E4 Warum …?

a Überlegen Sie sich mit Ihrer Partnerin / Ihrem Partner eine Frage zu dem Bild und schreiben Sie sie an die Tafel.

> 1 Warum hat der Eisverkäufer gute Laune?
>
> 2 Welchen Beruf hat der Fahrer in dem gelben Auto?

b Was meinen Sie? Spekulieren Sie mit Ihrer Partnerin / Ihrem Partner über die Fragen und machen Sie Notizen.

1 … hat heute eine Gehaltserhöhung bekommen.
…

c Lesen Sie die Fragen im Kurs vor und hören Sie alle Antworten dazu. Welche Antwort gefällt Ihnen am besten? Warum?

Also mir hat die Antwort von Nadim und Luba am besten gefallen. Die war total lustig.

Ja, das finde ich auch. Und die Antwort von … finde ich ungewöhnlich und interessant.

Grammatik und Kommunikation

Grammatik

1   Indirekte Fragen mit Fragepronomen ÜG 10.03

	Fragepronomen (W-Fragen)		Ende
Können Sie mir sagen,	was	ich da	tun muss?
Wissen Sie (noch),	was	ich	gesagt habe?
	wo	man Geld	abheben kann?

auch so: wie, wann, warum, ...

2   Indirekte Fragen mit Ja-/Nein-Fragen ÜG 10.03

	ob		Ende
Darf ich fragen,	ob	Sie Ihren Ausweis dabei	haben?
Können Sie mal nachsehen,	ob	das Kriminelle	sind?

3   Verb: Konjugation ÜG 5.15

	lassen
ich	lasse
du	lässt
er/es/sie	lässt
wir	lassen
ihr	lasst
sie/Sie	lassen

	Position 2		Ende
Sie	lässt	ihr Konto	prüfen.
Sie	sollten	vor dem Winter die Reifen	wechseln lassen.

In der Sprachenschule.
Schreiben Sie die Fragen höflicher.

Wann fängt der Deutschkurs an?

Kann ich den Kurs bar bezahlen?

Wann kann ich die Prüfung machen?

Muss ich ein Buch kaufen?

Darf ich fragen, wann ...?

Was würden Sie gern machen lassen? Notieren Sie fünf Dinge.

Ich würde gern mein Auto waschen lassen.
...

Kommunikation

HÖFLICH FRAGEN: Können Sie mir sagen, ...

Können Sie mir sagen, was ich da tun muss?
Wissen Sie,   *wie man ... ausfüllt/...?*
       was ich da tun muss?
       wann die Bank(en)/... hier geöffnet hat/haben?
       ob ich in Raten/mit Kreditkarte zahlen kann?
Könnten Sie mal nachsehen, ob ...?
Darf ich/Ich wollte (dich) fragen, ...
Ich würde gern wissen, ...

UM HILFE BITTEN: Können Sie mir helfen?

Würden Sie mir das bitte erklären?
Können Sie mir helfen?
Was soll ich denn jetzt machen?
Können Sie mir sagen/zeigen, wie/was ...?

UNKENNTNIS ÄUSSERN: Keine Ahnung!

Ich kenne mich damit überhaupt nicht aus.
Keine Ahnung!
Ich weiß nicht, was ich jetzt tun soll.
Ich möchte ..., aber ...

JEMANDEN WARNEN: Pass auf!

Pass auf!
Dann musst du besser aufpassen.

Sie brauchen Hilfe. Was sagen Sie?
Schreiben Sie vier Sätze.

Können Sie ...?

Sie möchten noch mehr üben?

Lernziele

Ich kann jetzt ...

A/B ... höfliche Fragen stellen:
Können Sie mir sagen, was ich da tun muss? / Wissen Sie, ob ...? ___ ☺ ☺ ☹

C ... Ratgeber verstehen:
Sie sollten vor dem Winter die Reifen wechseln lassen. _____ ☺ ☺ ☹

D ... Beratungsgespräche in der Bank verstehen:
Ich möchte gern ein Konto eröffnen. _____ ☺ ☺ ☹

... um Hilfe bitten: *Ich habe meine Geheimzahl vergessen. Was soll ich denn jetzt machen?* _____ ☺ ☺ ☹

E ... Gespräche rund ums Geld verstehen:
Eine kleine Spende für die Kinderhilfe! _____ ☺ ☺ ☹

Ich kenne jetzt ...

... 15 Wörter zum Thema *Bank* und *Geld*:

der Geldautomat,

COMIC

Der kleine Mann: Geben macht Freude

1 Lesen Sie den Comic und ergänzen Sie.

Die Kinder möchten ein ___Eis___ essen, haben aber nicht genug _____.
Der kleine Mann lässt einen _____ auf den Boden fallen.
Die Kinder _____ den Euro und _____ sich sehr.

> Meine Nachbarin ist 70. Ich kaufe manchmal für sie ein. Da freut sie sich immer.

2 Hat Geben oder Helfen Ihnen auch schon einmal Freude gemacht? Erzählen Sie.

SPIEL

Hilfe, ich bin berühmt!

Das Indirekte-Fragen-Spiel
Auf Ihrer Stirn hängt ein Blatt Papier, und darauf steht ein Name von einem berühmten Menschen. Es kann ein Künstler sein, eine Sportlerin, ein Politiker, … Die Person kann noch leben. Sie kann aber auch schon tot sein. Alle im Kurs können den Namen lesen, nur Sie nicht. Wer ist es? Finden Sie es heraus! Fragen Sie einfach.

Das (und noch viel mehr) dürfen Sie fragen:

Kannst du mir sagen, ob ich ein Mann oder eine Frau bin?
Kannst du mir bitte sagen, ob ich schon tot bin?
Weißt du, wo ich zurzeit lebe?
Kannst du im Internet nachsehen, wann ich gestorben bin?
Kannst du mir sagen, wann ich geboren wurde?

Das dürfen Sie nicht fragen:

Kannst du mir sagen, wer ich bin?
Weißt du, wie ich heiße?

LIED

Leben lassen

Ist das langweilig!
Was machst du denn da für Sachen?
Das brauchst du alles nicht mehr zu machen!
Nein?
Ich bin da. … Ich mach' das nun.
Ab heute musst du nichts mehr tun.
Wow! Das ist ja toll!

Ich lass' es heute richtig krachen!
Ich lasse mir ein _____ machen.
Ich lasse mir _Champagner_ kühlen.
Ich lasse das _____ abspülen.

Ich lass' mir die _____ waschen.
Ich lass' mir die _____ bügeln.
Ich lass' mir die _____ bringen.
Ich lass' mir ein _____ vorsingen.

Ich lasse mir die _____ föhnen.
Ich lasse mich total verwöhnen.
Ich lasse meinen _____ pflegen.
Ich lasse mir die _____ legen.

Ich lass' mir die Welt erklären.
Ich lass' mir die Zukunft zeigen.
Ich lass' mir mehr Freizeit schenken.
Lass' den Robot für mich denken.

Wenn's bloß nicht so langweilig wär'!
Alles, alles macht jetzt er.
Oh, wie ist mein Leben leer!
Ich darf leider gar nichts mehr.
Weißt du was?
Nein, was denn?
Ich mach' jetzt das: …
Nein! Nein! Nein! Nein!
Du bleibst stehen und das ist schön, denn …
Ich will alles selber machen.
Ich will wieder richtig lachen.

1 Lesen Sie den Liedtext und ordnen Sie zu.

~~Champagner~~ Haare Karten Hemden Wäsche Essen Garten Geschirr Lied Zeitung

2 Hören Sie das Lied und vergleichen Sie.

> Ich würde ihn gern einkaufen lassen.

3 Diskutieren Sie: Was würden Sie Ihren Roboter alles machen lassen?

Lebensstationen

Folge 14: Es kommt, wie es kommen soll.

6 ◀)) 22–29 **1 Sehen Sie die Fotos an.**

Was meinen Sie? Sprechen Sie. Hören Sie dann und vergleichen Sie.

1 Wo sind Lara und Tim? Was machen sie?
2 Wie gefällt ihnen der Tag? Wie fühlen sie sich?
3 Worüber sprechen sie?

6 ◀)) 22–29 **2 Welches Foto passt? Hören Sie noch einmal und ordnen Sie zu.**

Foto

a ◯ Ich habe mein Handy verloren.
b ◯ Ein richtig schöner erster Urlaubstag war das.
c ◯ Es ist vielleicht ein bisschen laut hier. Trotzdem macht es Spaß.
d ◯ Das Wetter ist so toll heute. – Wir könnten rausgehen.
e ① Wie schön, dass du da bist! Komm rein!
f ◯ Es kommt, wie es kommen soll.
g ◯ Wir könnten ins Kino gehen.
h ◯ Hier, nimm mein Handy.

Tims Film

3 „Es kommt, wie es kommen soll."

Arbeiten Sie in drei Gruppen. Jede Gruppe wählt ein Thema.
Machen Sie ein Plakat mit Ihren Ideen und stellen Sie es den anderen Gruppen vor.

Gruppe 1: Was machen Lara und Tim morgen?
Gruppe 2: Was machen Lara und Tim in einem Jahr?
Gruppe 3: Was machen Lara und Tim in zehn Jahren?

Lara und Tim in einem Jahr:

- Lara hat eine Stelle in Deutschland
  gefunden.
- Lara und Tim leben zusammen.
- ...

Wir glauben, dass Lara in einem Jahr eine Stelle in Deutschland gefunden hat. Sie und Tim ...

Also wir denken, dass Tim wieder nach Kanada geht und dann ...

A Ein richtig schöner Tag **war** das!

A1 Dieses Foto habe ich immer bei mir.

a Lesen Sie die Texte. Wie heißen die Personen auf den Fotos? Ergänzen Sie.

Unsere Umfrage der Woche:
Welches Foto haben Sie auf Ihrem Handy immer dabei? Warum?

1   Lara

Tim aus Kanada: Letztes Jahr im Deutschkurs habe ich Lara kennengelernt. Ich mochte sie gleich, weil sie so nett und lustig war. Bis heute kann ich mit niemandem so viel Spaß haben wie mit ihr. Das Foto hier zum Beispiel **habe** ich in Salzburg **gemacht**, dort waren wir zusammen. Ein richtig schöner Tag
5   war das! Nach dem Kurs musste Lara dann aber leider nach Polen zurückgehen und ich habe in Deutschland eine Stelle in einem Hotel bekommen. Wir sehen uns also kaum, aber jetzt verbringen wir gerade unseren Urlaub gemeinsam. Das ist schön! Mal sehen, was uns die Zukunft bringt.

2   ....

Sahar aus dem Irak: Auf dem Foto ist mein Sohn Laith drei Jahre alt. Jetzt
10 ist er schon vier. Laith ist noch im Irak geboren. Als er 18 Monate alt war, sind wir nach Deutschland gekommen. Das Foto habe ich bei meiner Schwester in Hamburg gemacht. Wir hatten noch keine eigene Wohnung und durften sechs Monate bei ihr im Kinderzimmer wohnen. Meine Schwester ist schon ein paar Jahre vor mir nach Deutschland gekommen und ich habe meine
15 Nichte Lya noch gar nicht gekannt. Laith und Lya waren übrigens von der ersten Sekunde an beste Freunde.

3   ....

Juri aus der Ukraine: Meine Oma Luise ist 95 Jahre alt geworden. Auf dem Foto ist sie aber erst 80 Jahre alt. Ich habe sie sehr geliebt. Sie war Deutsche. Ihre Eltern sind vor langer Zeit in die Ukraine gegangen, weil sie dort ein Stück
20 Land bekommen haben. Sie haben zu Hause nur Deutsch gesprochen, ich habe es aber nicht mehr gelernt. 1992 wollte meine Familie zurück nach Deutschland gehen. Auch meine Oma und mein Opa sind mitgekommen. Sie hat immer gesagt, dass es eine gute Entscheidung war. Wir haben dann alle in der gleichen Stadt gewohnt und meine Oma hat uns ganz oft eingeladen und für die
25 Familie gekocht. Vor fünf Jahren ist Oma gestorben. Ich vermisse sie sehr.

4   ....

Julia aus Deutschland: Meine beste Freundin Katrin und ich kennen uns schon seit der Kindheit. Katrin hat im Haus nebenan gewohnt, wir sind in denselben Kindergarten und später in dieselbe Klasse gegangen. Nach der Schule haben wir dann stundenlang telefoniert oder uns auf der Straße zum
30 Spielen getroffen. Mit niemandem konnte ich so viel lachen wie mit Katrin. Später haben wir uns in dieselben Jungen verliebt und viel Quatsch zusammen gemacht. Nach dem Abitur ist Katrin nach Berlin gezogen und hat dort eine Lehre als Friseurin gemacht. Ich bin hiergeblieben, habe studiert, geheiratet und Kinder bekommen. Auf einmal hatten wir keinen Kontakt mehr – zehn
35 Jahre lang! Vor vier Jahren haben wir uns zufällig in einem Lokal getroffen und seitdem sind wir wieder beste Freundinnen. Das Foto zeigt Katrin bei unserer letzten Silvesterparty.

b Lesen Sie die Texte noch einmal. Was erfahren Sie über die Personen? Sammeln Sie vier Informationen zu jeder Person. Vergleichen Sie dann mit Ihrer Partnerin / Ihrem Partner.

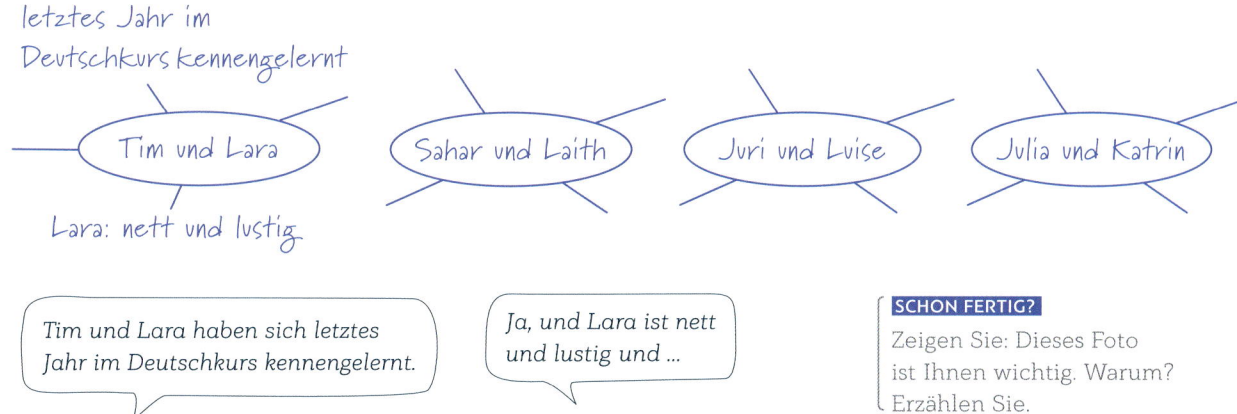

letztes Jahr im Deutschkurs kennengelernt

Tim und Lara **Sahar und Laith** **Juri und Luise** **Julia und Katrin**

Lara: nett und lustig

> Tim und Lara haben sich letztes Jahr im Deutschkurs kennengelernt.

> Ja, und Lara ist nett und lustig und ...

┌ **SCHON FERTIG?**
│ Zeigen Sie: Dieses Foto
│ ist Ihnen wichtig. Warum?
└ Erzählen Sie.

A2 Suchen und markieren Sie die Wörter in A1 wie im Beispiel.
Ergänzen Sie dann in der richtigen Form.

WIEDERHOLUNG

	haben/sein + ge...t/en
machen	ich *habe gemacht*
lernen	ich _____
treffen	wir _____
kommen	wir _____

	haben/sein + ...ge...t/en
kennenlernen	ich _____
mitkommen	sie _____

	haben/sein + ...t/en
bekommen	ich _____

	haben/sein + ...iert
telefonieren	wir _____
studieren	ich _____

⚠

dürfen	wir *durften*
können	ich _____

sein	wir _____
haben	wir _____

┌ **SCHON FERTIG?** Suchen Sie in den Texten in A1
└ noch mehr Beispiele wie in der Tabelle.

🔁 **A3 Diese Menschen sind mir wichtig!**

a Schreiben Sie sechs Sätze über sich wie im Beispiel.

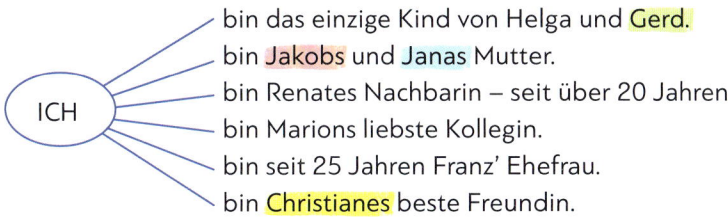

ICH
- bin das einzige Kind von Helga und Gerd.
- bin Jakobs und Janas Mutter.
- bin Renates Nachbarin – seit über 20 Jahren.
- bin Marions liebste Kollegin.
- bin seit 25 Jahren Franz' Ehefrau.
- bin Christianes beste Freundin.

b Lesen Sie Ihre Sätze in a noch einmal und markieren Sie die Personen in vier Farben:

– Wer ist am ältesten und am jüngsten?
– Wer wohnt am weitesten entfernt?
– Mit wem telefonieren Sie am meisten?

c Stellen Sie Ihrer Partnerin / Ihrem Partner Ihren Text vor. Sie/Er stellt Fragen zu den Personen.

B Dir ist es egal, **dass** …

6 ◀)) 30 **B1 Ergänzen Sie das Gespräch mit** *weil, wenn, dass.*
Hören Sie dann und vergleichen Sie.

◆ _Wenn_ ich mein Handy nicht dabei habe, fühle ich mich unwohl.

○ Warum?

◆ _____ ich dann nicht erreichbar bin.

○ Warum musst du erreichbar sein?... Ich bin ja da.

◆ Glaubst du, _____ mich sonst niemand anruft?

○ Im Gegenteil. Dich ruft alle fünf Minuten jemand an. Deshalb finde
ich es ja so gut, _____ du das Ding mal nicht dabei hast.

◆ So? Und das Foto? Dir ist es egal, _____ ich das nicht machen kann?

○ Hier. Nimm mein Handy.

wenn …
weil …
dass …

B2 Streit unter Paaren

a Was meinen Sie? Worüber streiten Paare in Deutschland am häufigsten? Ordnen Sie zu.

Geld   zu wenig gemeinsame Zeit   Kindererziehung   Familie/Schwiegereltern
Aufgabenverteilung im Haushalt   Partnerin/Partner hört nicht richtig zu   Freizeitgestaltung und Hobbys

Darüber streiten Paare in Deutschland

Platz 1 _____   Platz 5 _____
Platz 2 _____   Platz 6 _____
Platz 3 _____   Platz 7 _____
Platz 4 _____

b Vergleichen Sie mit den Ergebnissen einer Meinungsumfrage (Seite 175).
Was hat Sie überrascht? Sprechen Sie im Kurs.

B3 Streitgespräche

6 ◀)) 31–33   **a** Hören Sie die Gespräche. Um welche Themen geht es? Kreuzen Sie an.

	Zeit	Handy	Geld
1 Karina und Michael	○	○	○
2 Silvia und Simon	○	○	○
3 Julia und Paul	○	○	○

b Schreiben Sie mit Ihrer Partnerin / Ihrem Partner zu jedem Gespräch
zwei Sätze mit *wenn, weil* oder *dass.* Vergleichen Sie dann mit einem
anderen Paar.

Michael	findet es nicht gut,	wenn …
Silvia	ärgert sich,	weil …
Paul	findet,	dass …
	meint,	

*Michael ärgert sich, dass Karina
das Handy nicht ausmacht.*

⇆ **B4 Ihre Meinung?**
Wen verstehen Sie besser? Michael oder Karina?
Silvia oder Simon? Julia oder Paul?
Sprechen Sie in kleinen Gruppen.

*Also, ich verstehe Karina sehr
gut. Warum ärgert sich Michael,
wenn sie auf ihr Handy schaut?*

*Warum legt
Karina ihr Handy
nicht mal weg? …*

6 ◀)) 34–36 **C1 Lieblingsorte**

a Hören Sie drei Interviews. Was sind die Lieblingsorte der Personen? Ordnen Sie zu.

1

2

3

Sandy
Lara
Amaniel

	Foto
Sandy	
Lara	
Amaniel	

A

B

C

b Hören Sie noch einmal und notieren Sie Stichworte.

	Sandy	Lara	Amaniel
Lieblingsort?	Wiener Platz		
Warum Lieblingsort?	besonders schön, …		
Wie oft schon dort?			

C2 Ein Urlaubstag an meinem Ort

a Planen Sie einen Tag für Ihre Partnerin /
Ihren Partner und notieren Sie.

– Wo könnte sie/er hingehen?
– Was sollte sie/er dort machen?

	Wo?	Was?
vormittags	Flohmarkt	günstige Sachen kaufen
mittags …		

b Ein Satz in jeder Spalte passt nicht. Streichen Sie ihn und ordnen Sie richtig zu.

einen Vorschlag machen / Ratschlag geben	positiv reagieren ☺	negativ reagieren ☹
Du solltest unbedingt … ansehen.	Super! Gute Idee.	Ach, ich würde eigentlich lieber …
Du könntest abends ins Kino/… gehen.	Das finde ich toll.	Also, ich weiß nicht. Das finde ich nicht so interessant.
~~Das ist keine gute Idee.~~	Schade, da kann ich leider nicht.	Das ist doch langweilig.
Geh/Fahr doch zu/zum/zur …	Das mache ich gern.	Ich finde das nicht so gut.
Wie wäre es mit einem Flohmarkt/…?	Das ist ein toller Vorschlag.	Okay, das machen wir.
Ich habe da einen Vorschlag: … ist wirklich toll.	Einverstanden.	*Das ist keine gute Idee.*
Vielleicht hast du Lust auf …?		

c Stellen Sie Ihrer Partnerin / Ihrem Partner Ihren Plan vor.
Wie findet sie/er ihn? Verwenden Sie Sätze aus b.

*Vormittags könntest du zum Floh-
markt am Bahnhof gehen. Da …*

Gute Idee!

WIEDERHOLUNG

Du solltest/könntest
… ansehen. / ins Kino gehen.

D Kosenamen

D1 Ordnen Sie zu.

- ○ das Haus
- ○ das Häuschen
- ○ die Maus
- ○ das Mäuschen

D2 Was meinen Sie? Was sind typische Kosenamen? Kreuzen Sie an.
Lesen Sie dann den Text in D3 und vergleichen Sie.

○ ● der Esel   ○ ● das Bärchen   ○ ● der Schatz   ○ ● der Drache   ○ ● der Engel

D3 Lesen Sie den Text noch einmal und ordnen Sie zu.

Süße   Bärchen   Prinzessin   ~~Schätzchen~~   Dickerchen

> der Kosename, -n: liebevolle Anrede für den Partner und für Familienmitglieder

„Sag mir was Nettes" – Deutsche zeigen bei Kosenamen wenig Fantasie.

Die Deutschen sind bei der Wahl von Kosenamen eher einfallslos: Fast jeder Zweite nennt seinen Partner oder seine Partnerin *Schatz*, *Schätzchen* oder *Liebling*. Auch Kosewörter aus der Tierwelt, wie _____, *Häschen* oder *Mausi* sind sehr populär. Oder aber der Kosename steht für bestimmte Eigenschaften: Der etwas runde Mann wird
5 schnell zum _____, der starke Raucher zum *Stinkerchen*, die schöne Frau zu *meine Schöne*. Beliebt sind außerdem – vor allem bei Männern – Begriffe aus den Bereichen Märchen und Essen wie _____, *Engelchen* oder _____. Aber Vorsicht! Welcher Mann findet es schon lustig, wenn seine *Mausi* ihn vor den Arbeitskollegen *Dickerchen* nennt? Kosenamen sind reine Privatsache! Übrigens: Eine Befragung hat gezeigt,
10 dass viele Leute dankbar sind, wenn ihr Partner sie einfach mit ihrem richtigen Namen an-spricht, denn sie empfinden Kosenamen oft als unangenehm oder respektlos.

D4 Suchen Sie passende Wörter in D3 und ergänzen Sie.

> SCHON FERTIG? Sammeln Sie Kosenamen in Ihrer Sprache und übersetzen Sie.

-bar, -ig, -los, un-	-er, -in, -ung, -e	... + ...
danken – *dankbar*	rauchen –	die Arbeit + der Kollege –
die Lust –	der Partner –	
der Einfall –	befragen –	das Tier + die Welt –
angenehm –	schön –	

D5 Welche Gruppe findet in zehn Minuten die meisten Wörter? Suchen Sie auch im Wörterbuch.

-ung   -er   -chen   -in   -ig   -bar   -los   un-

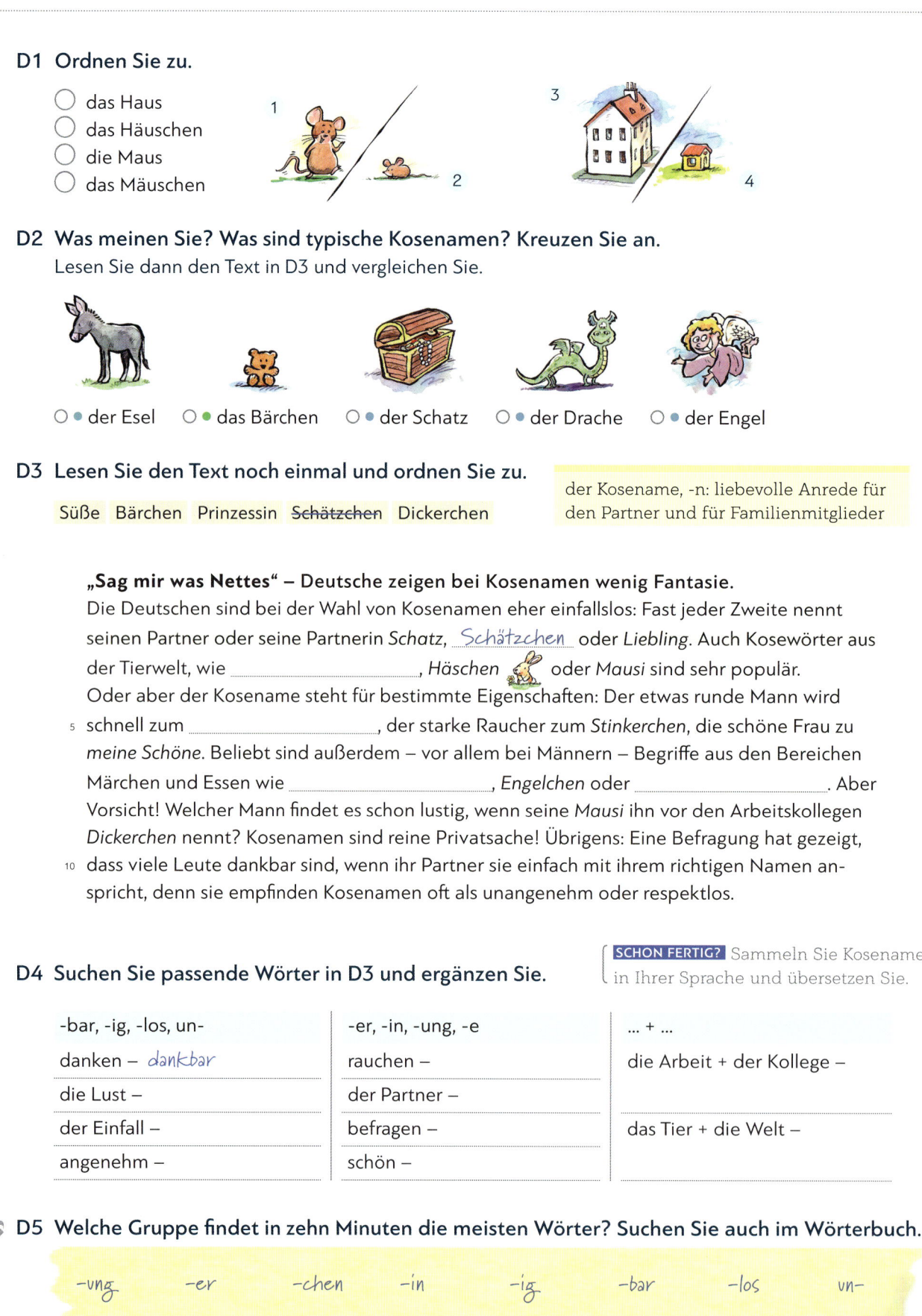

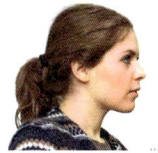
E1 Wünsche und Träume

Was passt? Ordnen Sie zu.

1 Das wünsche ich mir jetzt gleich!
2 Das wünsche ich mir für die Zukunft!
3 Wenn ich noch einmal zwanzig wäre ...

○ Ich würde gern sehr gut Deutsch sprechen!
Ich wäre gern verheiratet!
Ich wünsche mir viele Kinder!
Ich möchte einen guten Beruf erlernen.
Ich würde meine Familie in Iran gern
    zweimal im Jahr besuchen!

① Ich würde jetzt gern einen Spaziergang machen.
Ich wäre am liebsten den ganzen Tag mit Tim zusammen.
Ich hätte gern viel mehr Zeit!
Ich würde jetzt am liebsten nichts planen.

○ würde ich viel mehr Eis essen!
wäre ich öfter mit meinen Freunden zusammen!
würde ich öfter Karussell fahren.
hätte ich gern ein Haustier.
würde ich das Leben nicht so ernst nehmen.

WIEDERHOLUNG

Wünsche

Ich würde gern gut Deutsch sprechen.
Ich wäre gern verheiratet.
Ich hätte gern ein Haustier.
Ich möchte einen Beruf erlernen.

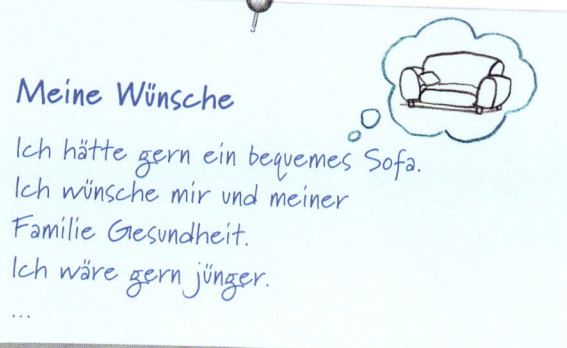

Meine Wünsche

Ich hätte gern ein bequemes Sofa.
Ich wünsche mir und meiner
Familie Gesundheit.
Ich wäre gern jünger.
...

🔁 E2 Meine Wünsche

a Welche Wünsche haben Sie auch? Markieren Sie
in E1. Welche Wünsche haben Sie noch?
Notieren Sie.

b Schreiben und malen Sie Ihre Traumblase
und hängen Sie sie im Kursraum auf.

Grammatik und Kommunikation

Grammatik

1 Wiederholung: Perfekt ÜG 5.03, 5.04, 5.05

regelmäßige und unregelmäßige Verben	trennbare Verben
gemacht	kennengelernt
getroffen	mitgekommen

nicht-trennbare Verben	Verben auf -ieren
bekommen	telefoniert
	studiert

Das war ein schöner Tag! Was haben Sie gemacht? Schreiben Sie fünf Sätze.

> Gestern war so ein schöner Tag! Ich bin schon ganz früh aufgestanden.
> ...

2 Wiederholung: Präteritum ÜG 5.06

	sein	haben	wollen	dürfen	können	müssen
ich/er/sie	war	hatte	wollte	durfte	konnte	musste

3 Wiederholung: Satzverbindungen mit *wenn – weil – dass* ÜG 10.06, 10.08, 10.09

Ich fühle mich unwohl,	wenn	ich mein Handy nicht dabei	habe.
Ich fühle mich unwohl,	weil	ich dann nicht erreichbar	bin.
Dir ist es egal,	dass	ich das nicht machen	kann?

Ergänzen Sie die Sätze.

Ich singe laut, wenn _____

Ich freue mich, weil _____

Ich bin der Meinung, dass _____

4 Wiederholung: Konjunktiv II ÜG 5.17

Wunsch	Vorschlag
Ich hätte (gern) ...	Wir könnten ... rausgehen.
Ich wäre (gern) ...	**Ratschlag**
Ich möchte ...	Du solltest ... ansehen.
Ich würde (gern) ...	

> Ich wäre wirklich gern verheiratet.

Erfinden Sie drei Kosenamen mit -chen.

> Dickerchen, ...

5 Wiederholung: Wortbildung ÜG 11.01, 11.02

Adjektive	Nomen
Nomen/Verb → Adjektiv	**Komposita: Nomen + Nomen**
danken → dankbar	die Arbeit + der Kollege →
Lust → lustig	der Arbeitskollege
Einfall → einfallslos	
Adjektiv → Adjektiv	**Nomen → Nomen**
angenehm → unangenehm	Partner → Partnerin
	Bär → Bärchen
	Verb → Nomen
	rauchen → Raucher
	befragen → Befragung
	Adjektiv → Nomen
	schön → die/der Schöne

Kommunikation

VORSCHLÄGE MACHEN: Du solltest unbedingt …

Du solltest unbedingt … ansehen.
Du könntest abends ins Kino / zum Essen / … gehen.
Geh / Fahr doch zu / zum / zur …
Wie wäre es mit einem Flohmarkt / …?
Ich habe da einen Vorschlag: … ist wirklich toll.
Vielleicht hast du Lust auf …?

EINEN VORSCHLAG ANNEHMEN: Das finde ich toll!

Super! Gute Idee. | Das finde ich toll.
Das mache ich gern. | Das ist ein toller Vorschlag.
Einverstanden. | Okay, das machen wir.

EINEN VORSCHLAG ABLEHNEN: Also, ich weiß nicht.

Ach, ich würde eigentlich lieber …
Also, ich weiß nicht. Das finde ich nicht so interessant.
Das ist doch langweilig. | Ich finde das nicht so gut.
Schade, da kann ich leider nicht. | Das ist keine gute Idee.

SICH ETWAS WÜNSCHEN: Ich möchte …

Ich wünsche mir … | Ich möchte …
Ich hätte gern … | Ich wäre gern …
Ich würde gern …

Ihre Freundin / Ihr Freund hat heute auf nichts Lust. Was schlagen sie ihm / ihr vor?

Du könntest heute
…

Sie möchten noch mehr üben?

6 | 37–39
AUDIO-TRAINING

VIDEO-TRAINING

Lernziele

Ich kann jetzt …

A … über mich und wichtige Personen in meinem Leben
  sprechen: *Ich bin Jakobs und Janas Mutter.* _____ ☺ ☺ ☹
B … Streitgespräche führen und über Konflikte sprechen:
  Warum legt Karina ihr Handy nicht mal weg? _____ ☺ ☺ ☹
C … Vorschläge machen und darauf reagieren:
  Wie wäre es mit einem Flohmarkt? _____ ☺ ☺ ☹
D … deutsche Kosenamen verstehen: *Schätzchen …* _____ ☺ ☺ ☹
E … über Wünsche und Träume sprechen:
  Ich würde jetzt gern einen Spaziergang machen. _____ ☺ ☺ ☹

Ich kenne jetzt …

**… je 3 Wörter mit -ung/-bar/-los/
 -er/-ig/un-/-chen:**

_____

_____

_____

_____

_____

Lösung zu Seite 170, Übung B2:
1 Aufgabenverteilung im Haushalt / 2 zu wenig gemeinsame Zeit / 3 Partnerin/Partner hört nicht richtig zu /
4 Geld / 5 Freizeitgestaltung und Hobbys / 6 Kindererziehung / 7 Familie/Schwiegereltern

LESEN

Alles, nur nicht stehen bleiben, Birgitta!

BIRGITTA SCHULZE UND SIEBEN ABSCHNITTE AUS 76 LEBENSJAHREN

Mit 16 hast du natürlich Träume.
Ich wollte zum Theater. Aber meine Mutter konnte die Schauspielschule nicht bezahlen. Mein Vater ist im Krieg gefallen und wir waren fünf Geschwister.

Mit 26 habe ich das dritte Kind bekommen.
Damals war das ganz normal, viele haben jung geheiratet. Ernst, mein Mann, ist fast zehn Jahre älter als ich. Er war Beamter im Finanzamt und ich habe mich um die Kinder und den Haushalt gekümmert.

Mit 36 war ich oft müde.
So ein Leben als Hausfrau und dreifache Mutter kann wirklich ganz schön anstrengend sein. Ich habe gedacht: Wenn die Kinder aus dem Haus sind, kommt auch wieder eine leichtere Zeit.

Mit 46 waren die Kinder weg.
Damals ist es mir richtig schlecht gegangen. Ich hatte Depressionen. Ich hatte keine Idee, was ich jetzt noch machen sollte. Mein Leben hat auf einmal stillgestanden.

Mit 56 ging es mir wieder besser.
Die Krise war vorbei und ich hatte neue Aufgaben: Ich war aktives Mitglied bei „Amnesty International" und in unserem Kulturverein. Und dreifache Oma war ich auch!

Mit 66 habe ich mich prima gefühlt.
Mein Mann und ich sind viel gereist. Und ich habe die wachsende Familie genossen, wir hatten ja nun schon fünf Enkelkinder. Mein Jugendtraum ist auch wahr geworden: Ich habe eine nette Theatergruppe gefunden.

Heute bin ich 76 und habe Probleme mit der Gesundheit.
Theater kann ich leider nicht mehr spielen, aber das Leben liebe ich noch immer! Vor vier Jahren hatten mein Mann und ich Goldene Hochzeit*. Ist es nicht ein großes Glück, wenn man zusammen alt werden darf?

* „Goldene Hochzeit" feiert ein Ehepaar, wenn es 50 Jahre lang verheiratet ist.

1 Lesen Sie den Text. Was wissen Sie über Birgitta Schulze? Ergänzen Sie.

Sie ist heute _____ Jahre alt. Sie hat _____ Geschwister.
Ihr Mann heißt _____ und war _____ von Beruf.
Sie hat _____ Kinder. Sie hat _____ Enkelkinder. Sie ist seit _____ Jahren verheiratet.
Ihr Hobby war _____. Sie war Mitglied bei _____
und im _____.

2 Was haben Sie in diesem Alter erlebt oder was planen Sie für diesen Lebensabschnitt?
Erzählen Sie im Kurs.

Mit 16 …
Mit 26 …
Mit 36 …
Mit 46 …
Mit 56 …
Mit 66 …
Mit 76 …

> Mit 16 hatte ich einen Traum: Ich wollte eine Reise um die ganze Welt machen.
> Mit 26 habe ich geheiratet und bin nach Bremerhaven gezogen.
> Mit 46 hätte ich gern ein eigenes Haus mit Garten.
> Mit 66 werde ich meine Weltreise endlich machen.
> Mit 76 würde ich gern auch noch so glücklich sein wie Birgitta.

PROJEKT

Wir haben es geschafft, Leute!

> A1 war nur der Anfang,
> ich weiß es noch wie heute.
> Jetzt haben wir A2!
> Ist das nicht super, Leute?

Herzlichen Glückwunsch!

Sie haben das Sprachniveau A2 erreicht und können die deutsche Sprache jetzt schon richtig gut verstehen, sprechen und schreiben. Wie gut? Na, das können Sie allen im Kurs zeigen. Schreiben Sie ein Gedicht oder lernen Sie ein deutschsprachiges Lied. Arbeiten Sie zu zweit oder in kleinen Gruppen und präsentieren Sie Ihre Ergebnisse dann im Kurs.

> Wir haben das geschafft:
> A1 und auch A2.
> Jetzt holen wir uns B1!
> Seid ihr auch mit dabei?

Ein paar Tipps:
Ihr Gedicht soll mindestens vier Zeilen haben und nicht mehr als zwölf. Sie können Ihr Gedicht auswendig vortragen oder ablesen. Ihr Lied kann ein bekannter Popsong sein, ein Rap, ein Kinderlied, was Sie möchten. Im Internet finden Sie viele deutschsprachige Lieder und Liedtexte. Es macht nichts, wenn Sie noch nicht alle Wörter kennen. Sehen Sie im Wörterbuch nach oder singen Sie mit.

Quellenverzeichnis

Kursbuch

Cover: Bernhard Haselbeck, München

U2: © Digital Wisdom

S. 9: Ü3, Ü4: Gerd Pfeiffer, München   S. 12: A2 Frau: Christopher Claus, München; A3: A © Thinkstock/iStock/XiXinXing; B © Thinkstock/iStock/Szepy; C © Thinkstock/iStock/Alen-D; D © fotolia/contrastwerkstatt; E © Thinkstock/iStock/palomadelosrios   S. 13: B2 Frau: Christopher Claus, München   S. 14: C1 B © Thinkstock/iStock/Pixsooz   S. 15: D1: Türe, Anna © Thinkstock/iStock/JackF; Großeltern © Thinkstock/iStock/bitter-closed; Stefan/Daniela © Thinkstock/Photodisc/Buccina Studios; Annette/Martin © MEV/Witschel Mike; Maria © plainpicture/Serny Pernebjer; Alexander © Thinkstock/iStock/LDProd; Ringe: Michael Mantel, Barum; Julia © PantherMedia/Jasper Grahl; Esther © Thinkstock/iStock/MilaSemenova; Luca © Thinkstock/Photick/Frederic Cirou; D3: Handy © Thinkstock/iStock/chaofann; Mann © iStock/PhotonStock   S. 16: E2: © Thinkstock/iStock/IPGGutenbergUKLtd   S. 17: 2 © Thinkstock/Design Pics; 3 © Thinkstock/iStock/DGLimages; 4 © iStockphoto/ozgurdonmaz; 5 © Thinkstock/Purestock   S. 21: Bilder: Franz Specht, Weßling; Ü1 © Thinkstock/iStock/Nixken   S. 22: Ü1: A © Thinkstock/iStock/Harvepino; B © Thinkstock/Wavebreak Media   S. 24: ÜA1 Illu Präpositionswürfel: Gisela Specht, Weßling   S. 25: Handy © Thinkstock/iStock/chaofann   S. 27: D1: 1 © Thinkstock/iStock/petovarga   S. 28: E1: Florian Bachmeier, Schliersee   S. 36: A2: Valeria © Thinkstock/iStock/Maria Volchetskaya; Jan © Thinkstock/iStock/Rozakov; Sören © Thinkstock/iStock/Ozgur Coskun; Arzu © Thinkstock/iStock/vertmedia   S. 39: C4 © Thinkstock/iStock/JackF; C5: süß © Thinkstock/iStock/Handmade-Pictures; scharf © Thinkstock/iStock/Nikolay Trubnikov; salzig © Thinkstock/Hemera/Vinicius Tupinamba; fett © Thinkstock/iStock/Diana Taliun; sauer © Thinkstock/iStock/monkeybusinessimages   S. 40: Koch © Thinkstock/Hemera/Simone Van den berg; Markt © Thinkstock/iStock/Baloncici   S. 41: © Thinkstock/Fuse   S. 45: Trixie © Thinkstock/Zoonar; Mustafas Berlin © mauritius images/Alamy/Peter Forsberg/Food – Mustafas Gemüse Kebap, Stand mit vegetarischem und normalem Döner-Gyros-Kebab, Mehringdamm, Kreuzberg, Berlin, Deutschland.; Frau © Thinkstock/iStock/SnowWhiteimages; Imbiss © Thinkstock/iStock/Travel_Now; Frühlingsrollen © Thinkstock/Stockbyte/George Doyle   S. 46: Frau Bronkhorst © Cem Ok   S. 49: B2 © fotolia/JiSign   S. 50: C1: Ü3 © fotolia/CandyBox Images; Ü6 © Thinkstock/iStock/Barbulat   S. 51: D1 © Thinkstock/Stockbyte/Comstock Images   S. 52: E2: Frau © iStockphoto/AVAVA; Auto © Thinkstock/Photodisc/Noel Hendrickson; Kalender © fotolia/RRF   S. 56: Frau: Franz Specht, Weßling; Koch © Thinkstock/Wavebreak Media; Polizistin © fotolia/Matthias Stolt; Gärtner © Thinkstock/iStock/Ljupco; Sängerin © Thinkstock/iStock/Ron Sumners   S. 58: Tänzer Bild 2 © Thinkstock/Creatas/Jupiterimages; Basketballteam Bild 6 © fotolia/Monkey Business   S. 59: Tänzer Bild 3, 4 © Thinkstock/Creatas/Jupiterimages; Mikro Bild 8 © Thinkstock/Ivary   S. 62: Tänzer Handy 2 © Thinkstock/Creatas/Jupiterimages   S. 63: D1: A © Thinkstock/iStock/imagean; B © Thinkstock/iStock/flytosky11; C © fotolia/Robert Kneschke; D © Thinkstock/iStockphoto; E © Thinkstock/iStock/Veronaa; F © Thinkstock/Hemera/Benis Arapovic; G © Thinkstock/iStock/kzenon   S. 64: E1: 1 © Thinkstock/iStock/Martinan; 2 © Thinkstock/Hemera/Jonathan Ross; 3 © iStockphoto/trait2lumiere; 4 © Thinkstock/iStock/soleg   S. 65: Treppe © Thinkstock/sodapix sodapix; Yoga © Thinkstock/iStock/Ammentorp Photography; Rad fahren © Getty Images/E+/freemixer; laufen © Thinkstock/iStock/lzf   S. 68: © Fupa   S. 69: Waage © Thinkstock/Zoonar/unknown; Hunde © Thinkstock/Polka Dot/Jupiterimages   S. 71: Karte Bild 7 © Thinkstock/Stocktrek Images   S. 73: B2: Felix © iStock/Juanmonino; Mika © iStockphoto/J-Elgaard; Nurhan © Thinkstock/iStock/ASIFE   S. 74: C2: 1 © iStock/code6d; 2 © PantherMedia/Kiko Jimenez; 3 © Thinkstock/iStock/Daniel Ernst   S. 76: Ayse © Thinkstock/iStock/robeo; Vilhelm © fotolia/industrieblick   S. 77: Ayse © Thinkstock/iStock/robeo; Vilhelm © fotolia/industrieblick   S. 80: Lied © Thinkstock/iStock/shironosov; Kleeblatt © Thinkstock/Zoonar   S. 81: schreiben © Thinkstock/Stockbyte/Jupiterimages; Hund © Thinkstock/iStock/jannabantan; Rad fahren © Thinkstock/Fernow; Müll herausbringen © iStock/Juanmonino; Klavier spielen © Thinkstock/Stockbyte/Photodisc; schwimmen © Thinkstock/iStock/SerrNovik; Gitarre spielen © Thinkstock/iStock/Ramonespelt; essen © Thinkstock/Photodisc/Thomas Northcut; Blätter © iStock/mrPliskin   S. 84: A2 beide © Thinkstock/Purestock   S. 85: B2 © Thinkstock/iStock/Alen-D   S. 86: Smileys: 16:04, 18:45, 20:17, 20:19 © Thinkstock/iStock/yayayoyo; alle anderen © Thinkstock/iStock/Tigatelu; Trauung © iStock/valpasc; Torte © Thinkstock/iStock/JoelBoily; Essen © iStock/RosetteJordaan; Dose © fotolia/euthymia; Walzer © Thinkstock/iStock/Kichigin   S. 87: Smileys: 20:46, 21:11 © Thinkstock/iStock/Tigatelu; alle anderen © Thinkstock/iStock/yayayoyo; Jonas © Thinkstock/Purestock; C3 © Thinkstock/iStock/GeoffGoldswain   S. 88: Gruppe © Thinkstock/iStock/g-stockstudio; Gutschein © Thinkstock/iStock/GeoffGoldswain; Marmelade © iStock/forley; Geld © Thinkstock/iStock/thumb; Trikot © Thinkstock/iStock/Bombaert; Uhr © iStock/ronen   S. 89: E1: 1 © Thinkstock/Hemera/Dmitriy Shironosov; 2 © iStock/monkeybusiness/images   S. 92: alle: Kraus Film, München   S. 96: A2: A © Thinkstock/Hemera/Cathy Yeulet; B © Thinkstock/iStock; C © Thinkstock/Blend Images/JGI   S. 97: Barbara © Thinkstock/iStock/dolgachov; Lorenzo © Thinkstock/iStock/bst2012; Agnieszka © Thinkstock/iStock/Wavebreakmedia   S. 99: C2 © Thinkstock/iStock/seb_ra   S. 100: Skater © Thinkstock/iStock/Steffen Berk; Musiker © Thinkstock/iStock/cookelma; VHS © Thinkstock/Stockbyte; Kräuter © Thinkstock/iStock/Maria_Andeevna   S. 101: E1: B © Thinkstock/iStock Editorial/allg – Aurillac International Street Theatre Festival, Frankreich, 2013.; C © DIGITAL stock/Müllek; D © fotolia/fuxart   S. 104: Spiel © Thinkstock/Wavebreak Media   S. 105: Ü1: